좋은 피드백
나쁜 피드백

좋은 피드백
나쁜 피드백

초판 1쇄 발행 ┃ 2020년 7월 1일
초판 2쇄 발행 ┃ 2021년 5월 28일

지은이 나카하라 준
옮긴이 신충
책임편집 조성우
편집 손성실
디자인 권월화
일러스트 Design oxo 이혜원
펴낸곳 생각비행
등록일 2010년 3월 29일 ┃ 등록번호 제2010-000092호
주소 서울시 마포구 월드컵북로 132, 402호
전화 02) 3141-0485
팩스 02) 3141-0486
이메일 ideas0419@hanmail.net
블로그 www.ideas0419.com

ⓒ 생각비행, 2020
ISBN 979-11-89576-65-3 13320

책값은 뒤표지에 적혀 있습니다.
잘못된 책은 구입하신 서점에서 바꾸어드립니다.

슬기로운
직장 생활의 기술 👍

GOOD

나카하라 준 지음
신충 옮김

좋은 피드백
FEEDBACK
나쁜 피드백

BAD

생각비행

피드백으로 충만한
'사람이 성장하는 직장'을 되찾기 위해

"젊은 직원이 좀처럼 성장해주질 않는다."

"나이 많은 부하 직원을 엄하게 지도하기가 곤란하다."

"애초에 부하를 지도하고 있을 시간이 없다."

오늘날 관리자는 전례가 없을 만큼 부하 육성이 어려운 환경에 처해 있습니다. 저는 도쿄대학에서 기업·조직에 맞는 인재 육성과 리더십 개발을 연구하며 오랜 기간 많은 기업의 관리자·리더 육성에 관여해왔습니다. 하지만 지금만큼 '부하를 키울 수 없다'며 관리자들이 고민하는 시대는 없었습니다.

위에서는 '부하를 키우라'고 계속 얘기하지만, 젊은 직원은 내

충고를 제대로 듣는 건지 마는 건지 항상 똑같은 실수를 되풀이합니다. '연상 부하'가 된 전 부장은 매번 독단적 행동으로 거래처의 빈축을 사고 있어서 지도하긴 해야 하는데 좀처럼 강하게 말하기가 힘듭니다. 또 단축 근무나 파견 등 여러 다른 형태로 일하는 직원들에게도 적절한 대응을 하지 않으면 안 됩니다. 하지만 이러지도 저러지도 못하다 결국 부하 직원의 일을 떠맡는 바람에 관리자 자신의 일은 산처럼 쌓여가고 맙니다.

이런 식으로 관리자들이 다사다망해져 부하 직원의 육성과 지도에 곤란을 겪고 있는 현 상황에서 새롭게 주목받고 있는 것이 이 책에서 소개하는 인재 육성법인 피드백입니다.[*] 피드백이란 간단히 말하자면 쓴소리를 해서라도 부하에게 현재 상황을 확실히 알려주고 장래의 행동 계획을 만들어주는 것입니다.

구체적으로는 다음의 두 가지 대응을 통해 성과가 오르지 않는 부하나 문제행동이 많은 부하를 성장시키는 방법입니다.

---

[*] Ashford, S. J. and Cummings, L. L., "Feedback as an Individual Resource: Personal Strategies of Creating Information", *Organizational Behavior and Human Performance*, Vol. 32(3), 1983, pp. 370-398.

> ### 1. 정보 통지
>
> 설령 쓴소리가 되더라도 부하의 행동이나 업무 능력 등에 대한 정보를 제대로 인식할 수 있게 통지하는 것
>
> ### 2. 재정비
>
> 부하가 자기 업무 능력 등을 인식한 후 스스로 되돌아보고 이후의 행동 계획을 세우도록 지원하는 것

지금 피드백과 같은 부하 육성법이 요구되는 데에는 여러 이유가 있지만, 요약하면 다음의 다섯 가지입니다.

1. 최근 몇 년간 기업 현장에서는 경험이 적은 부하나 이른바 '연상 부하'를 어떻게 육성·지도할지 고민이 많다.
2. 과거에 비해 인재의 성격과 고용 체계가 다양해져 직장 구성원의 다양성이 증가했기 때문에 한 가지 방법으로는 지도하기 어려워졌다.
3. 직장 내 괴롭힘에 대한 의식이 높아진 결과, 부하에게 상처 주고 싶지 않은 나머지 상사가 부하에게 아무 말도 할 수 없

게 되었다.

4. '코칭'처럼 부하의 깨달음을 우선시하는 부하 육성법이 보급되어 말해야만 하는 것을 분명히 말하는 문화가 사라지고 말았다.

5. 외국계 기업이나 선진 기업을 중심으로 상사와 부하가 일상적인 근무 중 정기적으로 면담하는 방식의 인사 정책이 도입되었다.

이러한 배경에서 최근 몇 년 사이 피드백이 주목받고 있습니다. 저는 인재 개발을 전문으로 하는 연구자이지만, 동시에 십수 명의 연구 스텝을 통솔하는 관리자이기도 합니다. 부하 육성을 고민하며 일이 많고 몹시 바쁜 관리자들을 위해, 그리고 저 자신을 위해 피드백을 널리 알리고 싶습니다.

저는 피드백이란 '문화'를 지금보다 널리 퍼뜨리고 싶습니다. 그러기 위해서는 관리직 경험이 풍부한 베테랑 관리자, 원래 인재 육성에 관심이 많은 사람뿐 아니라 처음으로 부하 직원이 생긴 사람, 처음으로 관리자가 된 사람, 지금까지 부하 육성에 아무 경험이 없는 사람에게도 유용한 피드백 서적을 낼 필요가 있다고 생각했습니다. 그 결과가 《좋은 피드백 나쁜 피드백》입니다.

이 책의 특징은 다음과 같습니다.

1. 풍성한 일러스트로 피드백의 포인트를 직감적으로 이해할 수 있게 했습니다.
2. 피드백할 때의 관용구나 대화 예시를 많이 수록해 실전에서 참고할 수 있게 했습니다.
3. 기업에서 활약하는 젊은 관리자 세 명의 실제 피드백 사례를 수록했습니다.
4. 전문용어를 최대한 피하고 쉽게 설명했습니다.

앞서 이야기했지만 저는 이 '피드백 문화'를 널리 퍼뜨리고 싶습니다. 지금은 기업 안에만 머물러 있지만 장래에는 학교 교육, 가정과 개인의 인간관계에 이르기까지 도움이 되는 사회의 필수 기술이 될 것입니다.

그 첫걸음으로 많은 관리자가 말로 하기 힘든 내용도 제대로 전달할 수 있는 커뮤니케이션 기술을 익히길 바랍니다. 그런 관리자라면 피드백으로 충만한 '사람이 성장하는 직장'을 만들어갈 수 있을 것입니다. 주위에 부하 직원 지도로 고민하는 분이 있다면 이 책을 건네주세요.

피드백을 잘하려면 반드시 자신도 다른 사람으로부터 제대로 된 피드백을 받아봐야 합니다. '백세 시대'라고 합니다. 그에 따라 직장 생활도 길어지고 있습니다. 이 책을 계기로 피드백 기술을 몸에 익히고 피드백을 잘 받아들이는 사람이 되어 활기찬 직장 생활을 할 수 있길 바랍니다.

좋은 피드백을 받아
좋은 피드백을 주는 사람이 됩시다!
진심으로 자기반성의 경험과 교훈을 담아.

나카하라 준

차례

제4장

대화로 배우는 유형별 피드백

제**5**장 피드백을 계속하기 위한
사전 준비 & 테크닉

제 **1** 장

피드백 이론과
부하 육성의 기초 지식

대체 '피드백'이 뭐야?

쓴소리를 한다 + 부하의 행동을 재정비한다

'피드백이란 말을 자주 듣지만 무슨 뜻인지 잘 모르겠다.'
'피드백이라고 하면 뭔가 듣기 싫다는 이미지밖에 없다.'
이러한 의문을 해소하기 위해 우선 이 책에서 다룰 피드백의 정의부터 말씀드리겠습니다.

피드백은 '티칭 + 코칭'

여러분은 '피드백'에 관해 어떤 이미지를 갖고 있나요? '분기 말의 면담에서 평가 결과를 통지받는 것' 같은 이미지를 가진 분이 많을지도 모르겠습니다만, 이 책에서 소개할 피드백은 좀 더 넓은 개념입니다.

피드백이란 간단히 말해 쓴소리를 포함해 부하의 현재 업무 상태를 똑바로 전하고, 그들이 성장할 수 있게 재정비하는 것입니다. 침체에 빠진 부하에게는 '듣기 싫더라도 현실을 직시할 수 있는 소리'

를, 실적을 내고 있거나 노력하고 있는 부하에게는 '성과를 거두고 있음'을 확실히 통지합니다.

피드백은 다음 두 가지 작용을 통해 문제에 휩싸인 부하나 능력·성과가 오르지 않는 부하를 성장시키는 것을 목표로 합니다.

첫째, 정보 통지입니다. 성과를 내야만 하는 과제를 떠안은 부하가 있다면, 설령 쓴소리가 되더라도 업무 능력과 실적 등에 대한 정보나 결과를 제대로 통지해야 합니다. 그렇게 하는 것이 부하나 직장을 바로잡는 데 유효하다는 사실은 수많은 연구가 증명하고 있습니다.* 피드백의 첫째 요소인 정보 통지는 부하가 현재 상황을 파악해 현실을 직시하도록 도와줍니다.

둘째, 재정비입니다. 정보를 통지한다고 부하가 바로 성과를 올릴 수 있게 되는 것은 아닙니다. 거기에는 상사의 객관적 충고나 지원이 필요합니다. 피드백의 둘째 요소인 재정비는 부하가 자기 업무 능력 등을 인식한 뒤 스스로 업무나 행동을 되돌아보고 이후의 행동 계획을 세우는 것을 지원하는 일입니다.

* Raver, J. L., Jensen, J. M., Lee, J. and O'Reilly, J., "Destructive Criticism Revisited: Appraisals, Task Outcomes, and the Moderating Role of Competitiveness", *Applied Psychology: An International Review*, Vol. 61(2), 2012, pp. 177-203.
Ashford, S. J., Blatt, R. and Vandewalle, D., "Reflections on the Looking Glass: A Review of Research on Feedback-Seeking Behavior in Organizations", *Journal of Management*, Vol. 29(6), 2003, pp. 773-799.

피드백	=	쓴소리라 하더라도 부하에게 현재 상황을 제대로 전하고(= 정보 통지) 앞으로의 행동 계획을 만드는 것(= 재정비)

1. 정보 통지

설령 쓴소리라 하더라도 부하의 행동이나 성과에 대한 정보·결과를 통지하는 것

2. 재정비

부하 자신에게 업무나 행동을 되돌아보게 하고 이후의 행동 계획을 세우도록 돕는 것

>> 피드백은 티칭＋코칭

뒤에서 자세히 설명하겠지만, 첫째 요소인 정보 통지는 일방적으로 정보를 전달하는 부하 육성 방법인 '티칭'에 가깝습니다. 반

면 둘째 요소인 재정비는 상대가 스스로 되돌아보도록 촉구하는 '코칭'에 가깝습니다. 피드백은 티칭과 코칭, 양쪽을 겸비한 보다 포괄적이고 획기적인 부하 육성 방법입니다.

피드백은 로켓과 같은 것

저는 피드백이 로켓과 같다고 생각합니다. 수직으로 쏘아 올린 로켓은 쏜 대로 똑바로 날아오르지 못하고 바람이나 공기의 저항을 받아 기울어집니다. 하지만 그때마다 기울어진 각도를 정확히 파악해 조정하기 때문에 마치 똑바로 날아오르는 것처럼 보입니다.

　이것이 바로 피드백입니다. 상사인 당신은 부하가 똑바로 날아오를 수 있도록 항상 각도를 지켜보고 계속 조정할 필요가 있습니다. 언젠가는 부하가 자율적으로 알아서 해야 하겠지만, 누구나 그때까지는 타율의 시기가 필요합니다. 사람은 '타율'을 통해 '자율'을 획득합니다. 부하를 자율적으로 만들기 위해 쓴소리도 마다하지 않고 부하의 성장에 힘을 보태는 것이 관리자인 당신의 일입니다.

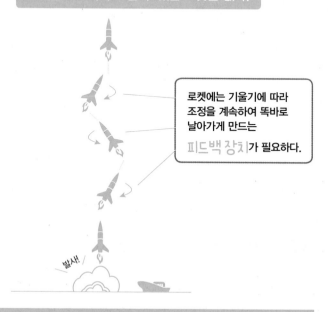

엔진만으로 똑바로 날 수 있는 로켓은 없다!

로켓에는 기울기에 따라 조정을 계속하여 똑바로 날아가게 만드는 피드백장치가 필요하다.

발사!

포인트

- 피드백은 '쓴소리를 포함해 부하의 현재 상황에 관한 정보를 제대로 전하고 부하의 성장을 재정비'하는 것이다.
- 피드백은 '정보 통지 + 재정비'라는 두 가지 요소로 이루어진다.
- 피드백은 부하가 '바른 방향으로 똑바로 날아오르게 하는 것 = 성과를 올리는 것'을 지원하는 기술이다.

피드백이 주목받는 이유①
알아서 성장할 수 있는
환경의 붕괴

과거에는 부하를 키우기 수월한 환경이었다

왜 지금 피드백이 주목받는 걸까요? 몇 가지 이유가 있습니다. 우선 첫 번째 이유는 과거 일본 기업에 갖춰져 있던 '부하가 알아서 자랄 수 있는 환경'을 잃어버렸기 때문입니다.

과거의 상사는 부하를 키우고 있었나?

최근 들어 피드백이란 부하 육성법이 현장 관리자들 사이에서 크게 주목받고 있습니다. 여기에는 몇 가지 이유가 있는데, 하나는 '부하가 알아서 자랄 수 있는 환경'을 잃어버렸기 때문입니다.

'직장에서 사람이 성장하지 못하게 되었다', '요즘 상사는 부하를 키우는 데 서툴다' 같은 말이 나오기 시작한 것은 1990년대 무렵입니다. 그렇다면 그 전에는 다들 부하를 키우는 데 능숙했던

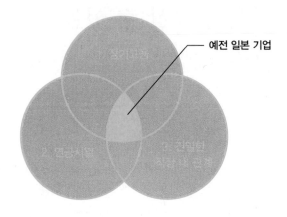

부하가 알아서 자랄 수 있는 세 가지 조건

예전 일본 기업

1. 장기고용

2. 연공서열

3. 긴밀한 직장 내 관계

≫ 이들 조건은 버블 붕괴와 함께 무너졌다.

걸까요? 사실 그렇지도 않습니다. 1990년대 이전에는 부하가 알아
서 성장할 조건이 갖춰져 있었기 때문입니다.

여기서 주목할 키워드는 장기고용, 연공서열, 긴밀한 직장 내 관계
입니다. 장기고용, 연공서열은 잘 아실 겁니다. 전통적으로 일본
기업은 종업원을 정년까지 고용하고 나이와 함께 급여와 대우가
향상되는 인사 제도를 펼쳐왔습니다.

'긴밀한 직장 내 관계'란 상사와 부하가 장시간에 걸쳐 같은 공

간에서 함께하는 것을 의미합니다. 예전에는 연일 계속되는 야근이나 주 6일 근무도 당연히 여겼습니다. 퇴근 시간 이후에도 다함께 마시러 가고, 휴일에도 레저 활동을 같이하며, 같은 사택에사는 사람도 많았습니다. 그랬기에 자연히 회사 사람들과 많은 시간을 함께했습니다.

장기고용, 연공서열, 긴밀한 직장 내 관계가 갖춰지면 알아서 성장한다

사실 장기고용, 연공서열, 긴밀한 직장 내 관계, 이 세 요소가 갖춰지면 부하는 알아서 성장할 가능성이 큽니다.

'장기고용'이라면 바로 결과가 나오지 않더라도 긴 안목으로 봐줄 수 있습니다. 사람은 성공보다 '큰 실패'를 했을 때 크게 성장합니다. 장기고용에서는 실패가 허용됩니다. 과거의 젊은 사원은 실패를 두려워하지 않았고 몇 번이고 배울 기회를 얻을 수 있었습니다. 하지만 지금 시대에는 좀처럼 그런 회사가 많지 않습니다.

'연공서열'에서는 상사나 선배를 보고 수년, 수십 년 후 자신이일하는 모습을 그려볼 수 있습니다. 정년까지의 코스가 일정하고단순하기에 상사나 선배는 부하 자신의 미래상, 롤모델 역할을 합니다. 그들의 높은 급여나 대우 수준에 매료된 이들도 적지 않았을 것입니다. 이처럼 연공서열은 한 회사에서 오랫동안 계속 일하게 만드는 동기를 부여했습니다.

'긴밀한 직장 내 관계'에서는 상사가 부하와 직장에서 긴 시간을 함께 보내기 때문에 부하는 상사의 일솜씨를 차분히 관찰할 수 있습니다. 또 상사도 젊은 사원을 장시간 지켜보고 있으니 특별히 의식하지 않더라도 개선해야 할 점을 적확하게 지적할 수 있습니다. 그러나 지금은 모두가 바빠서 상사도 부하도 시간적으로나 정신적으로나 예전만큼 여유가 없습니다. 이런 상태에서는 어쩌다 지도하는 시간을 내더라도 뚱딴지같은 지적만 할 뿐입니다.

'실패가 어느 정도 허용되고, 자신이 무엇을 해야 하는지도 명확하며, 뭔가 잘못하고 있더라도 상사가 바로 지적하고 개선해준다.' 이러한 환경이라면 직장에 던져 넣기만 해도 사람이 알아서 성장할 것입니다. 그런 모습을 당시에는 'OJT On the Job Training가 잘됐다'라고 표현했습니다.

버블 붕괴로 알아서 성장할 수 있는 조건도 붕괴

그러나 버블 붕괴로 기업에 여유가 없어지고, 명예퇴직 등으로 장기고용이 무너졌습니다. 또 조직 활성화를 위해 젊은 인재를 대담하게 발탁하면서 연공서열도 무너져갔습니다. 장기고용이 무너지고 이직이 당연해지자 '회사 사람들에게 필요 이상으로 신경 쓸 이유가 있나?'라고 생각하는 사람이 늘어났습니다. 그러다 보니 야근이나 퇴근 후 노미니케이션˙을 싫어하는 경향이 나타났습니다. 그렇게 긴밀한 직장 내 관계도 붕괴해갔습니다.

그리하여 근래에는 젊은 사원이 알아서 자랄 수 있는 세 가지 조건이 사라졌습니다. 더 이상 직장에 던져 넣기만 하면 부하가 알아서 자라던 환경이 못 됩니다. 거꾸로 말해 이제는 웬만큼 작정하고 키우지 않으면 부하가 성장하지 않습니다. 부하 육성에 '의지'가 필요하게 된 것입니다.

만약 '나는 부하를 키우는 데 서투르다'고 고민하고 있다면, 그런 고민을 할 필요가 없다고 말씀드리고 싶습니다. 과거의 상사들은 그저 굉장한 혜택을 누리던 환경에 있었을 뿐이니까요. 지금은 제아무리 우수한 관리자라도 부하를 기르는 데 온갖 고생을 해야만 하는 시대입니다. 그러니 이제는 냉정히 그에 대비해야 합니

˙ '마시다'를 뜻하는 일본어 '노무(飮む)'와 '커뮤니케이션'의 합성어로, 동료들과 술을 마시며 친목을 다지는 것을 뜻한다. 회식과 달리 상사가 참석할 때도 있고 참석하지 않을 때도 있다. — 옮긴이

다. 관리자로 승진하기 전에 제대로 된 부하 육성 기술을 익혀 나가면 됩니다.

- '장기고용', '연공서열', '긴밀한 직장 내 관계' 덕분에 예전에는 젊은 사원이 알아서 성장할 수 있었다.
- 현재는 이 세 조건이 무너졌기 때문에 부하 육성이 굉장히 힘들어졌다.

피드백이 주목받는 이유②
코칭의 한계

깨닫게 하는 것만으로는 사람을 키울 수 없다
제대로 가르치는 것도 필요하다

1990년대 이후 부하를 기르는 능력이 요구되자 많은 관리자가 '코칭'을 배웠습니다. 하지만 최근 들어 코칭만으로 잘되지 않는 경우가 늘고 있습니다.

2000년대 후반 화려하게 등장한 코칭

앞서 살펴본 바대로 직원이 알아서 성장할 수 있는 환경이 무너졌기 때문에 관리자들은 자기 손으로 부하를 키우는 기술을 익혀야 한다는 압박을 받게 되었습니다. 비즈니스 도서나 세미나 등으로 공부하는 사람이 늘어나는가 싶더니 2000년대 후반에는 기업에서 관리직 연수 강화와 지원에 나섰습니다. 그 무렵 관리직 연수에 화려하게 도입된 방법이 코칭coaching입니다.

코칭은 한마디로 질문을 통해 타자의 목표 달성을 지원하는 기술입

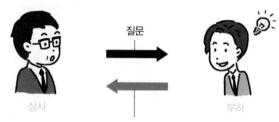

티칭 지식·기술을 일방적으로 가르친다·전한다.

지시·전달

상사   부하

코칭 '질문'을 통해 부하 안에 있는 '답'을 이끌어낸다.

질문

상사   부하

생각하고 답한다. = 부하가 가진 '답'을 깨닫게 한다.

그러나 코칭은 만능이 아니다!
≫ 코칭과 티칭의 균형이 중요하다.

니다. 상사가 던진 질문을 통해 부하는 현재 상황과 목표 지점 사이의 간극을 스스로 되돌아보게 됩니다. 그리고 그 간극을 메우려면 무엇을 해야 하는지, 부하의 이야기에 귀를 기울여가며 부하

안에 있는 답을 이끌어내는 방법입니다. 상사가 일방적으로 답해주는 것이 아닙니다.

코칭이 도입되기 전에는 상사가 부하에게 일방적으로 가르치는 티칭teaching이 현장 지도의 주류였습니다. 코칭처럼 '스스로의 힘으로 깨닫는 방법'이 나왔다는 것 자체는 전혀 나쁜 일이 아닙니다. 일방적 가르침만으로는 부하를 효과적으로 육성하기 어렵기 때문입니다. 코칭은 잘만 활용한다면 굉장한 위력을 발휘합니다.

말하고 싶은 것을 말해선 안 된다는 잘못된 인식

다만 코칭이 소개되고 확산하는 방식에 문제가 있었습니다. 화려한 등장 때문인지 '코칭이야말로 최고의 부하 육성법이며, 티칭은 시대에 뒤떨어졌다'라는 극단적 이항대립으로 잘못된 이미지가 퍼지고 말았습니다. 그 결과 아래와 같은 잘못된 '코칭 신화', '깨달음의 신화'가 퍼져버렸습니다.

'코칭(깨닫게 하는 것)은 좋고, 티칭(지적하고 가르치는 것)은 나쁘다.'

'부하가 말하는 것은 좋고, 상사가 떠드는 것은 나쁘다.'

'상사는 부하를 가르치려 하면 안 된다. 정보 제공도 바람직하지 않다.'

그리하여 가르치지 않는 상사, 이야기하지 않는 상사, 아무 정보도 가르침도 주지 않고 무턱대고 깨닫게 하려는 상사만 늘어났습니다. 이처럼 한쪽으로 치우친 방식으로는 당연히 뭐가 됐든 잘될 리가 없습니다.

결론부터 말하자면, 부하 육성에는 티칭이 좋을 때도 있고 코칭이 좋을 때도 있습니다. 예를 들어 업무 경험이 전혀 없는 신입 직원에게 "자네는 어떻게 하는 것이 좋다고 생각하나?"라며 코칭 수법을 써서 질문해봤자 자기 안에 업무에 대한 기준이 아무것도 없는 상태이니 대답할 도리가 없습니다. 이럴 때는 티칭이 중요합니다. 또 상대가 제아무리 베테랑이어도 자신의 실수를 전혀 깨닫지 못하고 있다면 상사가 말로 분명하게 지적해줘야만 합니다.

2000년대 후반 잘못된 '코칭 신화'가 퍼진 바람에 부하는 필요한 내용을 배우지 못해 곤란해하는 한편, 상사는 연수에서 배운 코칭을 도입했는데도 부하가 성장하질 않으니 난감하기만 합니다. 이렇게 점점 더 혼란스러워지는 상황에서 '역시 상사가 부하에게 제대로 말해야만 하는 때가 있는 게 아닐까? 그럴 때 어떻게 하면 좋을까?'라고 생각하는 관리자가 늘어나고 있습니다. 이런 흐름 속에서 피드백이 주목받게 된 것입니다.

포인트

- 부하 육성이 어려워진 상황에서 코칭이 유행했다.
- 편향된 코칭 붐 탓에 티칭은 나쁘다는 풍조가 생겨났다.

피드백이 주목받는 이유③
연상 부하, 연하 상사의 증가
상대를 존중하면서 엄격히 지적하는 기술이 필요하다

'이럴 수가! 과거에 상사였던 이가 부하로 오다니. 엄하게 말할 수가 없잖아….' 요즘 이런 고민에 빠진 젊은 관리자가 급증하고 있습니다. 연상 부하와 연하 관리자가 세트로 증가한 것인데, 이 또한 피드백이 주목받게 된 배경입니다.

예전 상사에게 엄한 피드백이 가능할까?

피드백이 주목받게 된 배경에는 연공서열의 붕괴, 젊어지는 관리자, 그리고 역직정년제役職定年制*가 철저해짐에 따라 연상의 부하에게 강하게 말하지 못하는 연하의 상사가 늘었다는 저간의 사정이 있습니다.

---

* 정년이 55세에서 60세로 바뀌는 과정에서 인건비 삭감과 조직 활성화를 위해 일본 대부분 기업이 도입한 제도로, 역직정년인 55~57세에 도달하면 임금이 삭감되며 대개 원래 직위에서 해제되어 다른 직위나 부서로 이동한다. 일종의 임금피크제이다. ㅡ옮긴이

연공서열이 무너진 뒤로 젊은 관리자가 늘었습니다. 대기업에서도 빠르면 30대에 관리자로 승진하기도 하고, IT 벤처 기업에는 20대 과장, 30대 부장도 있습니다. 그러다 보니 부하가 연장자인 경우도 드물지 않게 되었습니다.

게다가 연상이라도 중도입사한 사람이 부하가 된다면 그나마 덜 껄끄러울 텐데, 실제로는 예전 상사나 선배가 부하가 되는 경우가 많습니다. 더군다나 최근에는 일정한 나이에 이르면 관리직 자리에서 내려와야 하는 '역직정년'이나 '정년퇴직자 재고용' 등의 제도에 따라 55~65세의 전직 부장이나 전직 차장이 직함도 없는 평사원으로 돌아오는 사례가 늘고 있습니다.

산전수전 다 겪은 그런 능구렁이들과 열 살, 스무 살 어린 관리자가 대치하는 상황은 그리 간단치 않습니다. 제아무리 유능한 관리자라도 전직 부장을 앞에 두고 "여긴 고치는 편이 낫지 않겠나?"라고 쓴소리를 하기란 좀처럼 쉽지 않은 일입니다.

연상의 부하 중에서도 '일하지 않는 아저씨'가 부하가 됐다면 사태는 더욱 심각합니다. 일할 의욕은 전혀 없이 정년까지 달라붙어 있으려는 중년 사원을 '일하지 않는 아저씨'라고 부르는데, 아무 일도 하지 않는 사람까지 고용할 여유가 있는 회사는 지금 거의 없습니다. 관리자는 어떻게 해서든 그들을 일하게 하고자 다양한 수를 쓰지 않으면 안 됩니다. 하지만 대개 '일하지 않는 아저씨'

들은 사내 사정에 밝고 전직 부장, 전직 과장쯤 되면 자존심도 있기에 그런 사람들을 일하게 만들려면 상당한 노력이 필요합니다. 무슨 말이라도 할라치면 맹반격을 받아서 관리자가 마음에 상처를 입기도 합니다.

이처럼 말하고 싶은 것을 말할 수 없고 쓴소리를 제대로 할 수 없다는 '연상에게 훈계해봤자 증후군'이 만연해졌습니다.

돌연 관리자가 된다는 비극

젊은 관리자가 연상의 부하를 제대로 지도하지 못하는 데는 준비 기간을 갖지 못한 채 관리자로 승진했다는 이유도 있습니다.

예전 같은 피라미드형 조직의 시대에는 계장이나 과장보좌처럼 관리자의 입문편 같은 관리직 자리가 따로 있었습니다. 이 자리에서 부하 육성이나 업무 평가 등 관리 업무의 일부를 맡아봄으로써 한 사람의 관리자가 되기 위해 준비하는 데 큰 도움이 되었습니다. 그런데 1990년대 이후로 조직이 플랫화되면서 입문편 같은 관리직이 사라져버렸습니다. 경험도 쌓지 못한 채 관리자가 되고 부하에게 피드백을 해야만 하는 처지가 되어버린 겁니다.

그 결과 말하고 싶은 것이 있어도 부담스러워서 그냥 입을 다

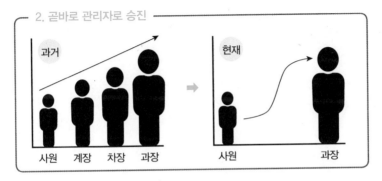

부하와 관리자의 사정 변화

1. 연상 부하 증가

- 역직정년
- 정년퇴직자의 재고용
- 조직의 플랫화

➡ 예전 상사, 전직 부장·과장이
자신의 부하가 되는
상황이 늘고 있다.

2. 곧바로 관리자로 승진

과거

사원 계장 차장 과장

현재

사원 과장

» 경험이 적은 관리자가 연상 부하를
상대하는 상황이 늘고 있다.

물거나 '까놓고 말하자'며 실례되는 말투를 남발해 상대를 화나게
하는 사례가 늘고 있습니다. 이 때문에 상사의 피드백을 완강히
거부하는 부하가 나오기까지 한 모양입니다.

하지만 예전 상사든 뭐든 지금 당신의 부하라면 제대로 피드백

을 하고 행동을 개선할 필요가 있습니다. 피드백 기술을 배우고
싶어 하는 사람이 늘어난 이유가 여기에 있습니다.

포인트

- 연상 부하를 상대하는 관리자가 늘고 있다.
- 과거에 비해 관리자가 관리직 경험을 충분히 쌓을 수 없다.

＊ 피드백을 하는 방법이 잘못되면 피드백 거부 등의 사태를 초래합니다. Argyris, C.,
 "Teaching Smart People How to Learn", *Harvard Business Review*, May-Jun 1991,
 Vol.69(3), pp. 99-109.

부하 육성 이론으로 보더라도 피드백은 합리적이다

경험축과 피플축 양면을 충족하는 부하 육성법

피드백은 부하 육성 이론으로 보더라도 이치에 맞는 부하 육성법입니다. 부하 육성은 '경험축'과 '피플축'으로 정해집니다. 이 두 축을 염두에 두면 왜 피드백이 중요한지 더 잘 알 수 있습니다.

경험축과 피플축이란?

지금까지는 조직과 직장의 변화 속에서 피드백이란 부하 육성법이 요구되고 있다는 점을 설명했습니다. 여기서는 시점을 조금 달리해 부하 육성 이론의 관점에서 피드백의 중요성을 이야기해보겠습니다.

부하 육성 이론이란 무엇일까요? 전문적으로 들어가면 갖가지 의견과 논점이 있겠습니다만, 여기서는 두 개의 축으로 좁혀 간략히 설명하겠습니다. 즉, 사람이 성장하는 데는 '경험축'과 '피플축'의 양면이 필요하다는 것입니다.

경험축이란 '부하를 키우기 위해서는 생생한 현장에서의 업무 경험이 무엇보다 중요하다'는 사고방식입니다. 업무 경험을 통해 배우는 것을 '경험 학습'이라고 하는데, 아무리 세련된 교육 프로그램이라 하더라도 경험 학습을 이길 수는 없습니다.

부하를 성장시키기 위해서는 현재 실력으로 해낼 수 있는 수준보다 조금 더 어려운 업무, 조금만 발돋움하고 손을 뻗으면 어떻게든 해낼 수 있는 업무 경험을 쌓도록 하는 것이 중요합니다. 실패 위험이 너무 크다면 자신의 본래 실력을 발휘할 수 없기 때문입니다. 이 경험을 스트레치 경험(발돋움 경험)이라고 부릅니다. 상사는 부하가 스트레치 경험을 쌓을 수 있도록 과도한 부담을 덜어주고, 반대로 적당한 도전을 유도해야 합니다.

한편 피플people축이란 '사람은 직장 사람들과 갖가지 관계를 맺고 그들로부터 여러 지원을 받을 때 성장한다'는 사고방식입니다. 직장 구성원끼리 많이 어울리거나 인간관계의 질이 좋을수록 갖가지 깨달음을 통해 성장하는 계기를 얻습니다. 제가 연구한 바에 따르면 직장에서 성장하려면 타자로부터 다음의 세 가지 지원이 필요합니다.

첫째, 업무 지원은 상대가 갖고 있지 않은 전문지식이나 기술 등을 가르치고 조언해주는 것입니다. 이는 일방적으로 정보를 전하

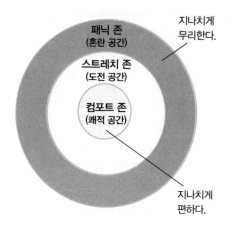

경험축: 부하의 세 가지 심리 공간

패닉 존
(혼란 공간)

스트레치 존
(도전 공간)

컴포트 존
(쾌적 공간)

지나치게
무리한다.

지나치게
편하다.

① 패닉 존
- 강한 불안이나 중압감을 느낀다.
- 성장할 만한 지점이 아니다.

② 스트레치 존
- 적절한 도전이나 발돋움을 한다.
- 실력이 늘기 쉽다.

③ 컴포트 존
- 스트레스가 없고 안락함마저 느낀다.
- 실력이 늘지 않는다.

≫ 관리자는 부하의 심리 공간을 제어해
스트레치 경험을 부여할 필요가 있다.

는 일입니다.

둘째, 자기 성찰을 지원하는 성찰 지원은 전체를 보는 관점이나 새로운 시점 등 객관적인 의견을 전하여 깨달음을 촉진하는 것입니다.

셋째, 정서 지원은 격려와 칭찬으로 부하의 자기효능감과 자존심을 높이는 것입니다.

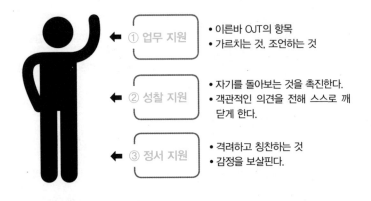

피플축: 타자로부터의 세 가지 지원

① 업무 지원
- 이른바 OJT의 항목
- 가르치는 것, 조언하는 것

② 성찰 지원
- 자기를 돌아보는 것을 촉진한다.
- 객관적인 의견을 전해 스스로 깨닫게 한다.

③ 정서 지원
- 격려하고 칭찬하는 것
- 감정을 보살핀다.

부하가 상사나 선배로부터 이런 지원을 균형 있게 받는 것이 중요합니다. 업무 지원이 부족하면 필요한 업무 지식을 얻을 수 없습니다. 성찰 지원이 부족하면 자기 성찰을 충분히 할 수 없습니다. 또 정서 지원이 없으면 의기소침한 상태가 계속되어 마음이 병들 수 있습니다.

피드백을 통해 경험축과 피플축 양면을 만족시킨다

이처럼 부하를 키우는 데는 '경험축'과 '피플축'의 양면이 필요합니다. 이때 중요한 역할을 담당하는 것이 피드백입니다.

먼저 경험축부터 살펴봅시다. 상사는 부하에게 스트레치 경험을 부여하는 것이 중요하다고 이야기했는데, 사실 일에 전념하고 있는 부하 자신은 그것이 스트레치 경험인지 뭔지 판단할 수가 없습니다. 그것을 파악하려면 제삼자의 피드백이 필요합니다.

또 힘든 목표에 도전할 때는 실패로부터 눈을 돌리고 싶어지는데, 그럴 때 현실과 맞닥뜨리기 위해서라도 타자의 의견은 빼놓을 수 없습니다. 설령 쓴소리가 되더라도 확실히 현재 상황을 전하는 것, 이것이 피드백입니다.

피플축의 세 요소 중 업무 지원은 피드백의 '정보 통지'를 통해, 성찰 지원과 정서 지원은 피드백의 '재정비'를 통해 할 수 있습니다. 즉, 피드백 자체가 피플축의 요소를 내포하고 있는 셈입니다.

이처럼 피드백은 부하 육성의 기초 원리인 경험축, 피플축과 밀접한 관계가 있는 부하 육성법입니다.

> **포인트**
> • 부하 육성의 기본은 경험축 + 피플축
> • 피드백은 경험축과 피플축의 양면을 만족하는 기술이다.

피드백을 방해하는 세 가지 벽
— 부하 육성을 가로막는 문제점

인재의 다양화, 갑질 문제, 몹시 바빠진 관리자

새로운 인재 육성법인 피드백 앞에는 사실 많은 벽이 가로막고 있습니다. 피드백의 구체적 수법을 알아보기 전에 먼저 오늘날 직장의 문제점을 짚어보겠습니다.

열 살 차이 나는 젊은 부하의 마음을 알 수가 없다

지금까지 왜 오늘날 피드백이 필요한지 이야기했습니다. 그러나 피드백의 필요성은 알지만 부하에게 충분한 피드백을 줄 수 없어 고민하는 관리자가 적지 않습니다. 여기서는 효과적인 피드백을 가로막는 세 가지 벽에 대해 간략히 이야기하겠습니다.

효과적인 피드백을 가로막는 문제 중 하나는 '직장의 인재가 다양해졌고 피드백의 난이도가 높아졌다'는 점입니다. 앞서 연상 부하 때문에 고민하는 관리자가 많다고 이야기했는데, 피드백이 어려운 것은 연상 부하 때문만이 아닙니다. 의외로 어려운 상대는 자기보다 열 살 이상 젊은 부하입니다. 처음 중간관리직으로 승진하면 대개 20대의 젊은 사원이 부하로 붙게 됩니다. 그런데 상사 입장에서 젊은 사원을 접해보니 생각보다 훨씬 더 커뮤니케이션이 안 된다고 호소하는 관리자가 많습니다.

저 역시 40대가 되어 이 점을 뼈저리게 느꼈는데, 관리자로서 연령 차가 나는 직원의 고민을 이해하는 데는 시간이 걸립니다. 일단 자신이 무언가에 숙달하고 나면 경험이 적은 구성원이 '무엇을 모르는지'를 '모릅니다'. 아무리 눈높이를 맞추려 해도 이미 '모른다'는 감각을 잃어버린 상태입니다. 결국 눈높이를 맞출 수 없다 보니 부하가 무엇을 고민하는지 알 수 없습니다. 보통 열 살 정도 나이 차이가 나면 눈높이나 가치관이 완전히 다르다고 할 수 있습니다.

중도입사자나 외국인 부하는 가치관이 다르다

중도입사한 사원은 대졸 신입사원과 달리 그 회사의 색으로 물들어 있지 않기 때문에 사고방식이 완전히 다르기도 합니다. 사람에 따라서는 이전 직장에서 익힌 업무 방식이나 일에 대한 신념을 바꾸지 않으면 안 되는 경우도 있는데, 한번 몸에 밴 것은 간단히 바꿀 수가 없습니다. 이미 몸에 밴 과거의 업무 방식이나 신념 중 이제는 통용되지 않는 것들을 언러닝unlearning(탈학습)해야 합니다. 그러나 어른의 '언러닝'에는 고통이 따릅니다. 인간은 당연히 고통을 피하려는 경향이 있으니 과거의 습관에서 벗어나는 일은 결코 간단치 않습니다.

덧붙여 세계화에 따라 외국인 부하를 데리고 있는 관리자도 늘고 있습니다. 외국인 사원은 태어나서 자란 환경이 전혀 다르기에 일에 대한 생각이나 감각이 크게 다른 경우가 많습니다. 그러므로 피드백도 그들의 사고방식에 맞춰서 해야 합니다.

이처럼 오늘날의 관리자는 직장에 생겨난 '다양성'과 맞닥뜨려야만 합니다. 배경이 갖가지인 사람들에 맞춰 대응하기란 상상 이상으로 피로한 일입니다.

요즘은 다양성의 중요성이 곧잘 강조되는데, "강조하지 않아도 매일 다양성과 맞닥뜨려서 기진맥진이라고!" 소리치고 싶은 분도 많지 않으신가요? 키우기 힘든 젊은 사원과 요지부동인 시니어 사원에 둘러싸여 "내 일상은 끝판왕들밖에 없는 롤플레잉 게임"이라고 한탄하는 관리자도 있었습니다.

갑질 상사 밑에서 크더니 똑같은 짓을 한다

피드백이 어려운 또 다른 이유로는 갑질이나 성추행 등 직장 내 괴롭힘에 대한 의식이 넘칠 정도로 높아진 점도 있습니다. 특히 젊은 사원은 굉장히 민감합니다.

지금의 40대 중에는 이른바 '정신론'이나 '근성론'을 중시하며 갑질만 일삼는 상사 밑에서 끔찍한 시절을 견디며 큰 사람도 많습니다. '나는 아랫세대에게 이런 짓을 하고 싶지 않다'라고 생각하는 사람이 더 많지만, 개중에는 자기가 겪은 부하 지도 방식을 의도적이든 아니든 되풀이하는 사람도 있습니다. 과거 자신의 상사처럼 정신론이나 근성론에 근거해 갑질을 일삼는 부하 지도를 무의식적으로 저지르고 있는 것입니다.

그 결과 자기도 모르는 사이에 인사 문제에 휘말리거나 회사에 대한 악평이 소셜미디어를 도배하기도 합니다. 휴대전화의 녹음 기능으로 면담 상황이 부지불식간에 녹취되어 궁지에 몰리는 사례도 드물지 않습니다. 이제는 모든 면담이 녹취되고 있다고 전제해야 하며, 모든 내용이 유출된다고 생각하는 편이 낫습니다.

이제 관리자는 부하의 기분을 헤아리며 움직이지 않으면 안 되니 힘이 들기 마련입니다. '부하를 상처 입힐지도 모르는 소리를 어디까지 해도 되는 걸까?', '쓴소리를 할 때 어디까지라면 문제가 되지 않을까?'… 어느 기업이든 관리자라면 다 이런 걱정을 합니다. 어설프게 문제의 불씨를 만들기보다는 아무 말도 하지 않는 편이 상책이라고 생각하는 것도 무리는 아닙니다.

플레잉 매니저로서 일에 쫓기는 매일매일

마지막으로, 관리자가 효과적인 피드백을 실현할 수 없는 이유로 시간 여유가 없다는 점도 있습니다. 효과적인 피드백을 위해서는 '부하를 관찰하는 것(정보 수집)'이 필수입니다. 하지만 시간이 없어서 제대로 관찰을 하지 못하니 부하에게 들이밀어야 할 현실을 정작 관리자가 파악 못 하는 사태가 벌어지는 것입니다.

관리자가 플레잉 매니저playing manager(성과를 요구받으면서 동시에 관리도 해야 하는 사람)화된 지 오래되었다고 합니다. 버블 붕괴 이전만 해도 플레잉 매니저 같은 말이 일본에 존재하지도 않았습니다. 그런데 지금의 중간관리직은 대부분이 플레이어로서도 성과를 요구받는 플레잉 매니저입니다. 생산성 향상을 위해 인원을 한없이 감축했으니 그렇게 되지 않을 수 없었던 것입니다.

2012년 제가 근무하는 도쿄대학 나카하라 연구실이 일본생산성본부와 공동으로 수행한 조사에 따르면 300인 이상 기업에서

피드백을 방해하는 세 가지 벽

1. 인재의 다양화

2. 갑질 문제

3. 몹시 바빠진 관리자

인사고과 대상이 되는 부하를 둔 관리자 중 순수하게 관리 업무만 하는 '완전 관리자'는 517명 중 14명에 불과했습니다. 비율로 따지면 2.7퍼센트입니다. 그러니까 이 책을 읽고 있는 여러분도 9할 이상이 플레잉 매니저일 것입니다.

게다가 플레이어로서의 역할이 점점 더 커져가기만 합니다. 특히 영업부 같은 데는 부하인 평사원보다 까마득하게 높은 영업 성적을 올리는 관리자도 잔뜩 있습니다. 그렇다면 플레잉 매니저보다 '매니징 플레이어managing player(매니지먼트 역할을 짊어진 플레이어)'라고 부르는 편이 적절할지도 모르겠습니다.

하지만 평사원과 같은 업무량을 소화하고 있다면 그것만으로도 시간은 눈 깜짝할 사이에 지나갑니다. 이래서는 부하와 제대로 마주하고 부하를 육성하기 어렵습니다. 피드백을 하려면 대상이 되는 부하의 정보를 모으고 면담을 하는 등의 행동이 필요합니다. 부하 육성은 '관찰'로 시작해 '관찰'로 끝납니다. 하지만 그럴 시간을 내기 힘든 현실입니다.

디플레이션 악순환*을 일으킬 위험이 있다

중간관리직이 성과를 요구받는 현상은 또 다른 문제를 낳습니다.

인재를 키울 수 없기 때문에 처음부터 일을 맡길 수 있는 부하에게만 의존하게 되는 문제입니다. 그 결과 일을 맡길 수 없는 부하는 한가해지는 한편, 일을 맡길 수 있는 부하에게는 일이 몰립니다. 그렇게 되면 둘의 실력 차가 점점 더 벌어지고 맙니다. 그래서 몇 년이 흘러도 젊은 부하는 자라지 않고, 능력 있는 일부 부하에게만 의존하는 현상이 지속됩니다.

그러나 이런 상태가 오래갈 수 있을 리 없습니다. 일을 맡길 수 있는 부하도 몇 년을 이런 격무에 시달리면 몸이 망가지고 멘탈이 붕괴되기 때문입니다. 이처럼 일을 잘하는 부하일수록 피폐해지고 마는 문제가 생깁니다.

한편 아무리 일을 못하는 부하라 하더라도 할 만한 가치가 있는 일을 오래도록 맡지 못한다면 의욕을 잃은 나머지 '이런 직장에서는 더 못 해먹겠다'며 그만두게 됩니다. 그렇게 되면 아무리 작은 일이더라도 그 사람이 하던 일을 누군가가 떠맡아야만 합니다. 그 뒤처리를 할 사람은 결국 중간관리직인 관리자뿐입니다.

하지만 관리자가 그런 뒤처리를 하고 있으면 사람을 키울 시간이 더더욱 부족해집니다. 그렇게 되면 또다시 제대로 일을 맡길 사람이 없으니 거듭 뒤처리할 일이 늘어나는 지독한 디플레이션

---

* 디플레이션 소용돌이 현상 deflationary spiral. 디플레이션이 디플레이션을 부르는 악순환을 일컫는 일본식 조어. ─옮긴이

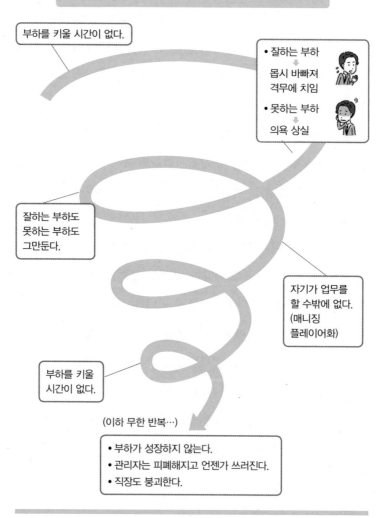

관리자가 빠지는 부하 육성의 디플레이션 악순환

부하를 키울 시간이 없다.

- 잘하는 부하
  → 몹시 바빠져 격무에 치임
- 못하는 부하
  → 의욕 상실

잘하는 부하도
못하는 부하도
그만둔다.

자기가 업무를
할 수밖에 없다.
(매니징
플레이어화)

부하를 키울
시간이 없다.

(이하 무한 반복…)

- 부하가 성장하지 않는다.
- 관리자는 피폐해지고 언젠가 쓰러진다.
- 직장도 붕괴한다.

악순환에 빠지고 맙니다. 머지않아 뒤처리에 피폐해진 중간관리
직도 쓰러지는, 당연한 결말이 찾아옵니다. 이 같은 사태를 방지
하기 위해서는 피드백을 제대로 하고 착실하게 부하를 키워야만
합니다.

피드백의 세 가지 벽을 쳐부숴라!

지금까지 여러 이야기를 읽으면서 불안해진 분도 많을지 모르겠
습니다. 하지만 안심하세요. 이 책은 그런 '피드백의 벽'을 해소하
고, 피드백을 통해 부하를 키우는 것을 목표로 하고 있습니다.

먼저 지금까지 부하 육성 연수 등을 받아본 적 없더라도 피드
백의 기본 순서와 주의점을 쉽게 이해할 수 있도록 2장에서 정성
껏 해설해드리겠습니다.

그런 다음 3장과 4장에서 실제 관용구나 대화 예시를 통해 피
드백 도중 이야기를 진행하는 방법을 배워보겠습니다. 여기서는
상대에게 상처를 주지 않고 문제점을 피드백하는 표현법이나 여
러 유형의 부하에게 대응하는 피드백 패턴을 예습해볼 것입니다.

피드백에서는 '사전 준비'가 큰 효력을 발휘합니다. 마지막 5장
에서는 피드백이 더 이상 두렵지 않은 구체적인 준비 방법을 소

개합니다. 끝으로 현장에서 나올 법한 고민을 해소할 수 있도록 3~5장 각 장의 마지막 부분에서 젊은 관리자 세 명의 실제 피드백 체험담을 소개하겠습니다.

이상의 내용을 필요에 맞춰 읽는 것만으로도 '다양한 부하에게 대처할 수 없다', '갑질을 할까 봐 무섭다', '피드백할 시간이 없다' 같은 피드백의 벽에 대한 불안이 사라질 것입니다. 그럼 먼저 피드백 실행법부터 구체적으로 살펴보겠습니다.

> **포인트**
>
> - 인재의 다양화로 오늘날 관리자는 여러 유형의 부하를 상대해야 한다.
> - 갑질의 압박 때문에 엄격한 소리를 할 수 없다.
> - 애초에 그런 지도를 정성껏 할 시간이 없다.

제2장

피드백의 기본 모델
5단계로 실천하는 피드백

피드백의 기본적인
진행 방법은?

기본 5단계

'피드백이란 게, 엄하게 이야기하면 된다는 거지?', '실제로 피드백을 시작하자니 불안해…' 이런 여러분을 위해 2장에서는 피드백의 구체적인 방법을 알려드리겠습니다.

피드백하기 전부터 피드백은 이미 시작됐다?

피드백이 강력한 부하 육성법이긴 하지만 그 방법이 틀리면 부하의 업무 능력이나 실적의 향상으로 이어지지 않습니다. 피드백의 성공은 피드백을 받는 쪽의 심리 상태에 크게 의존한다고 알려져 있습니다.* 효과적인 피드백을 위해서는 다음 단계를 밟아가는 것이 좋습니다.

* Ashford, S. J., Stobbeleir, K. D. & Nujella, M., "To Seek or Not to Seek: Is That the Only Question? Recent Developments In Feedback-Seeking Literature", *Annual Review of Organizational Psychology and Organizational Behavior*, Vol. 3, 2016, pp. 213-239.

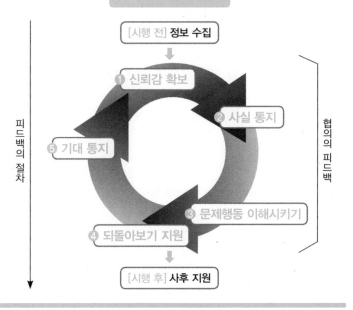

피드백의 프로세스

[시행 전] **정보 수집**

① 신뢰감 확보
② 사실 통지
③ 문제행동 이해시키기
④ 되돌아보기 지원
⑤ 기대 통지

피드백의 절차

협의의 피드백

[시행 후] **사후 지원**

[사전 준비] 피드백을 하기 전에 정보를 수집한다.

[실천] 피드백을 한다.

① 신뢰감 확보: 잡담 등으로 상대에게서 신뢰감을 얻는다.

② 사실 통지: 거울처럼 정보를 통지한다.

③ 문제행동 이해시키기: 대화를 통해 현재 상황과 목표 간의 차이를 명확히 한다.

④ 되돌아보기 지원: 진짜 원인을 밝혀 미래의 행동 계획을 만든다.

⑤ 기대 통지: 자기효능감을 고양한다.

[사후 지원] 사후 지도와 후속 조치를 한다.

이 피드백 프로세스는 가라테나 검도 같은 무도武道로 치자면 기본적인 '형型(규범이 되는 방식)'과 같은 것입니다. 실전에서는 모든 것이 프로세스대로 진행될 리가 없습니다. 하지만 기본으로서 일단 몸에 익혀두면 갖가지 응용이 가능합니다. 나아가 일단 '형'으로서 습득하고 나면 자기 나름대로 변형하거나 생략해도 좋습니다.

포인트

- 피드백을 성공시키려면 다섯 단계가 필요하다.

[사전 준비]
피드백 전의 정보 수집

SBI 정보를 모으지 않으면 적확한 피드백이 어렵다

빗나간 피드백을 받으면 부하는 이야기를 들어주지 않습니다. 피드백에서 사전 정보 수집은 빼놓을 수 없습니다. 사전 준비 없는 피드백은 겨냥하지 않고 총을 난사하는 것이나 마찬가지입니다. 사전 준비로 파악해두어야 할 정보는 'SBI'입니다.

SBI 정보란?

효과적인 피드백을 위해 가장 먼저 필요한 일은 피드백 전에 정보를 수집하는 것입니다. 정보 수집을 '관찰'이라고 표현한다면 '좋은 피드백은 좋은 관찰로부터 시작한다'고 할 수 있습니다. 그리고 '좋은 리더십 역시 좋은 관찰로부터 시작한다'고 하죠.

경험이 적은 관리자 중에는 별안간 부하를 붙잡고 피드백을 해대는 사람이 있는데 대부분 실패합니다. 부하에게 먹히는 피드백을 하려면 가능한 한 구체적으로 부하의 문제행동을 지적하는 것이 필요하기 때문입니다. 피드백은 즉흥적인 착상으로는 불가능합니다. 또 '피드백이야 어떻게든 되겠지' 같은 태도로도 불가능합니다. 제대로 된 피드백을 하기 위해서는 반드시 사전에 제대로 된 '관찰'과 '정보 수집'을 해야 합니다.

예를 들어 영업에 그다지 적극적이지 않은 부하에게 "요즘 주체적이지 못한 거 아냐?", "좀 더 열정을 가지라고!" 따위의 말을 피드백이라고 하는 사람이 있는데, 이런 모호한 말은 아무리 해봤자 상대의 문제행동을 개선하지 못합니다. 부하 입장에서도 '주체적이지 못하다'든가 '열정이 없다'는 모호한 말로는 무엇을 개선해야 좋을지 알 수 없으니까요. 자신의 어떤 행동이 어떻게 문제가 되는지 구체적으로 보이지 않으니 무엇을 개선하면 좋을지 전혀 알 수가 없습니다. 오히려 상사에 대한 반감만 늘어날 뿐입니다.

부하가 수긍하게 하려면 문제가 있는 행동을 '구체적으로' 알기 쉽게 전해야 합니다. 이때 참고할 수 있는 것이 SBI 정보입니다. SBI 정보란 Situation(어떤 상황에서, 어떤 때에 문제였는가), Behavior(어떤 행동이 문제였는가), Impact(문제행동이 어떤 영향을 초래했는가)로 구성된 부하에 관한 정보의 다발입니다. 관리자는 사전에 부하를 관찰하고 SBI 정보 모으기를 소홀히 해서는 안 됩니다. 피드백은 사전 준비가 무엇보다 중요하며, 거기에서 이미 승부가 시작됩니다.

S = Situation (상황)

≫ 어떤 상황에서, 어떤 때에

B = Behavior (행동)

≫ 부하의 어떤 태도·행동이

I = Impact (영향)

≫ 어떤 영향을 초래했는가
　무엇이 잘못됐는가, 무엇이 잘됐는가

SBI 정보를 수집한다

그럼 보다 구체적으로 어떤 정보를 모아야 좋은지 살펴봅시다. 앞서 이야기한 대로 부하에 관해 관리자가 사전에 파악해두어야 할 정보는 SBI 정보입니다.

- Situation(어떤 상황에서, 어떤 때에)

- Behavior(부하의 어떤 태도·행동이)

- Impact(어떤 영향을 초래했는가, 무엇이 잘못됐는가, 무엇이 잘됐는가)

이 세 가지 정보를 모아 구체적으로 전달할 때 상대는 비로소 당신이 말하려는 바를 이해하기 시작합니다. 예를 들면 다음과 같습니다.

- A사의 프로젝트를 담당하게 되었는데도 Situation

- 자네의 일정 관리가 미비해서 Behavior

- 납기가 일주일이나 늦어지고 말았나 보군. Impact

만약 '의욕'이나 '열정'에 대해 피드백하고자 한다면,

- 지난 반년간의 영업실적에 관해서 말인데 Situation

- 전화 예약 건수가 하루 평균 10건에 도달하지 못한 모양이로 군. Behavior

- 영업실적이 전년 대비 40퍼센트 떨어졌다네. Impact

이처럼 정보를 모아두는 것만으로도 부하의 어떤 행동이 문제

인지 구체적으로 지적할 수 있습니다. 이렇게 말하면 부하는 어떤 행동을 개선해야 하는지 알겠다고 말하게 됩니다.

또 SBI 정보는 긍정적 정보와 부정적 정보를 모두 아우릅니다. 긍정적 피드백을 할 경우는 아래와 같습니다.

- 최근 2개월간 자네가 영업하는 모습을 지켜봤는데 Situation
- 타이밍 좋게 막판까지 끌고 가서 계약을 따냈군. Behavior
- 이대로 가면 이번 분기 영업실적은 130퍼센트쯤 향상될걸세. Impact

위와 같은 객관적 데이터는 회사의 데이터베이스에서 수집할 수 있지만 그것만으로는 부족합니다. 평소 행동을 관찰해 현장의 생생한 정보를 모아두면 말에 설득력이 더해집니다. 바쁜 와중에 품이 더 들지도 모르겠지만, 시간을 내어 은근슬쩍 매의 눈으로 부하의 행동을 관찰합시다.

관찰할 때 주관을 배제한다

부하를 관찰하고 SBI 정보를 모을 때 두 가지 유의점이 있습니다.

첫째, 관찰 단계에서 상사의 주관이나 해석, 평가를 되도록 배제하고 행동의 관찰에 전념하는 것입니다.

이 단계에서 상사의 주관이나 해석, 평가가 개입하면 사실에 대한 인식이 왜곡되고 맙니다. 그러면 부하에게 전할 때도 주관이 개입하게 되는데, 이런 경우 부하가 좀처럼 사실을 받아들이지 못합니다.

- 지난 반년간 영업실적에 대해 말인데, 실망스러워. Situation
- 전화 예약 건수가 하루 평균 10건도 안 된다니 이게 말이 되나? Behavior
- 영업실적이 전년 대비 40퍼센트나 떨어졌는데, 이거 대체 어쩔 건가? Impact

이런 식으로 사실을 그대로 제시해야 하는 부분에 상사의 주관이 비집고 들어오면, 부하는 '이게 말이 되나?', '어쩔 건가?' 같은 부분에만 신경 쓰게 됩니다. 이를 막기 위해서라도 이 단계에서는 되도록 주관을 배제하고 사실을 수집하는 데에만 전념해야 합니다.

둘째, 되도록 많은 SBI 정보를 수집하는 것입니다.

하나의 상황뿐 아니라 몇 가지 상황에 관해 정보를 모아두어야 합니다. SBI 정보는 많이 모으면 모을수록 부하의 문제행동을 다각적으로 검증할 수 있으니 피드백의 설득력이 높아집니다. 부하 주위의 제삼자로부터 사정 청취를 거듭함으로써 여러 사람의 시점에서 SBI 정보를 수집하는 관리자도 있습니다. 다각적인 정보 수집을 삼각검증triangulation이라고 하는데, 이를 통해 보다 정교하고 치밀한 정보를 확보할 수 있습니다.

SBI 정보를 모으려면 평상시 관찰 외에 '1 on 1'이라 불리는 단시간 면담을 주 1회(혹은 격주 1회) 정도 하는 것이 좋습니다. '1 on 1'에 대해서는 5장에서 자세히 설명하겠습니다.

포인트

- 느닷없이 피드백을 하지 말고 정보 수집부터 시작한다.
- 정보 수집의 포인트는 'SBI 정보'로, 되도록 구체적으로 행동 단위의 정보를 모은다.
- SBI 정보는 되도록 많이 모으고, 객관적인 시각을 잃지 않는다.

[실천] 1단계:
몇 분 안에 성패가 결정된다

피드백 시작 전의 규칙

'어디서 말하면 좋을까?', '처음에 뭘 말해야 할까?'… 자신도 모르게 망설이기 십상인 피드백의 최초 단계! 긴장하지 않도록 예습해둡시다.

피드백에서 중요한 것은 '누구에게 그 말을 듣느냐'

SBI 정보를 모아 피드백할 내용이 정리되면 이제 피드백을 할 차례입니다. 피드백에서 가장 중요한 점은 부하에게 신뢰받는 것입니다. 피드백의 성공에는 '무엇을 말하는가'뿐 아니라 '누구에게 그 말을 듣는가' 역시 대단히 중요합니다. 상대를 존중하는 마음이 없으면 신뢰를 얻지 못하고, 내 이야기에 귀 기울이게 할 수도 없습니다. 피드백이 성공하려면 설령 쓴소리라 하더라도 받아들일 수 있게 만드는 '감정의 안정성'이 매우 중요합니다.* 비록 속으로는 부

하에게 화가 났더라도 상대의 성장을 바라며 상대를 존중하는 태도
로 임합시다.

피드백은 밀폐된 공간에서 한다

피드백을 할 장소로는 독실이 가장 좋습니다. 대개 피드백은 긍정
적인 이야기에 더해 별로 듣고 싶지 않은 이야기를 전하는 경우가
많습니다. 모진 소리를 듣는 장면을 다른 사람에게 들킨다면 누구
라도 싫을 겁니다. 그러므로 다른 사람에게 이야기가 들리지 않는
환경을 고르는 것이 철칙입니다. 그렇게 하면 부하도 안심하게 됩
니다.

　밀폐된 공간에 들어가 부하를 자리로 부릅시다. 자리에 앉는
방식은 책상을 사이에 두고 마주하는 방식을 선호하는 사람도 있
고, 부하와 대각선으로 어슷하게 앉는 방식을 선호하는 사람도 있
습니다. 이는 단순히 취향의 문제이긴 하지만, 후자가 더 친근하
게 말하는 경향이 있는 듯합니다. 물론 친근하다고 해도 지금부터

---

* Moeller, S. K. & Robinson, M. D., "Cognitive Sources of Evidence for Neuroticism's
Link to Punishment-reactivity Processes", *Cognition and Emotion*, Vol. 24(5), 2010,
pp. 741-759.

하려는 것은 피드백입니다. 확실히 상대를 마주하고 눈을 보며 이야기할 필요가 있다는 점을 모쪼록 잊지 마십시오. 말하기 어려운 것을 말할 때일수록 상대의 눈을 보고 얘기합시다.

잡담으로 긴장을 푼다

상사에게 호출받으면 부하는 뭐가 됐든 엄한 지적을 받을 거라 생각하고 긴장합니다. 긴장감이 없는 것도 문제입니다만, 긴장감이 지나치면 이야기가 머리에 들어오지 않는 문제가 있습니다.

그러니 처음에는 부하의 취미 등에 대해 잡담을 하거나 "요즘 어때?"라며 근황을 묻는 것부터 시작합시다. 이렇게 하면 부하의 긴장을 풀어줄 수 있고 '부하에게 관심이 있다'는 인상도 줄 수 있어 상사와의 마음의 거리를 좁힐 수 있습니다.

포인트

- 상대를 존중하는 태도로 임한다.
- 다른 사람에게 이야기가 들리지 않도록 독실을 준비한다.
- 피드백을 하기 전에 상대의 긴장을 풀어준다.

피드백을 시작하기 전의 세 가지 포인트

1. 상대를 존중하는 태도로 임한다.

2. 정보가 새지 않는 독실에서 한다.

3. 잡담 등으로 상대의 긴장을 풀어준다.

피드백의 기본 모델: 5단계로 실천하는 피드백

2단계:
거울처럼 사실을 전한다

상사의 주관이 섞여 있으면 부하가 있는 그대로 받아들이지 못한다

드디어 부하에게 문제행동을 지적합니다. 부하가 반발하지는 않을까 불안할지도 모릅니다. 하지만 에두르는 말투를 쓰지 않고 거울처럼 사실을 전한다면 부하도 좀 더 쉽게 받아들일 것입니다.

에둘러 말하지 않고 직설적으로 목적을 전한다

부하가 긴장을 풀고 상사에게 신뢰감을 느끼기 시작하면 본론으로 들어갑니다. 대개 피드백 면담의 첫머리에서는 다음과 같이 말을 꺼냅니다.

> "그나저나 오늘 A군에게 와달라고 한 건 자네 평소 행동에서 개선했으면 하는 부분이 있어서야. 이제부터 그에 대해 함께 얘기해보려고 해."

"그나저나 오늘은 B군의 평소 행동 중에 내가 좀 유감이라고 생각하는 점을 얘기해보려고 해. 같이 개선책을 생각해보자고."

여기서 중요한 점은 면담의 '목적'을 처음부터 직설적으로 말했다는 것입니다. '문제가 있는 행동을 지적할 테니 함께 이야기를 나누고 개선책을 생각해보자'는 취지를 시작부터 밝히는 것이죠.

상대에게 상처 입히고 싶지 않은 나머지 목적을 확실히 전하지 못하고 말을 빙빙 돌리는 사람이 있습니다. 하지만 피드백에서 '아픔'을 피해갈 수는 없습니다. 오히려 말을 빙빙 돌리면 부하를 조바심 나게 할 뿐입니다. '대체 무슨 소리를 하고 싶은 건지 모르겠어. 확실하게 말해줘!'라고요. 확실하게 부하를 마주하고 이 면담의 목적을 전합시다.

'말하기 어려운 것은 직설적으로 말한다.' 동시에 '말하기 어려울 때일수록 말투에 신경 쓴다.' 이것이 원칙입니다.

거울처럼 전하면 반발하기 어렵다

목적을 전한 다음에는 수집한 SBI 정보를 근거로 '어떤 행동에 문제가 있었는가'를 전합니다.

여기서 중요한 점은 파악한 상대의 문제행동을 되도록 구체적으로 '거울처럼' 전하는 일입니다. 거울처럼 전한다는 것은 가능한 한 주관이나 감정을 배제하고 일어난 사실을 그대로 전하는 것입니다.

부하가 반발하는 것은 상사의 지적에 주관이나 감정이 섞여 있기 때문입니다. 그럴 때 부하는 '그건 당신 멋대로 그렇게 생각한 것일 뿐이잖아'라고 생각해버립니다. 이를 피하려면 사실이라고 생각하는 것을 있는 그대로 전할 필요가 있습니다.

거울처럼 객관적으로 말하는 비결은 '○○처럼 보인다'라는 표현을 사용하는 것입니다. 예컨대 "나한테는 전에 자네 행동이 이런 식으로 보였는데, 어떻게 생각하나?"라는 식입니다. 영어로 말하자면 'It seems …'(…처럼 보인다)의 감각입니다. 이런 화법이라면 냉정하게 들리는 것만도 아니니 부하도 덮어놓고 추궁당했을 때와 달리 자기 할 말을 할 여지가 있습니다. 여지가 있다면 궁지에 몰릴 일도 없으니 지적을 순순히 받아들일 가능성이 커집니다.

일방적으로 단정 짓지 않는 것이 중요합니다. 그러나 직설적으로 말해야 합니다.

사실 통지: 거울처럼 정보를 통지한다

나한테는 전에 자네의 행동이 …처럼 보였는데 어떻게 생각하나?

부하도 변명할 여지가 있다.

그건 말이죠…

상사

부하

'It seems …'

(자네 행동은 …처럼 보인다)

괜한 칭찬은 하지 않는다

이 단계에서는 무리하게 칭찬할 필요도 없고, 쓸데없이 비난할 필요도 없습니다. 사기를 북돋워줄 심산인지 피드백 후 이상하게 칭찬하는 상사가 있는데, 이는 대개 역효과만 일으킵니다. 상사의 칭찬에 '속이 뻔히 들여다보인다'고 생각하는 부하가 있는가 하면, 칭찬하는 말만 기억하고 제일 중요한 '쓴소리 피드백'은 싹 잊어버리는 부하도 있습니다.

당신이 해야 하는 일은 사실이라고 생각하는 것을 딱 부러지게
이야기해 거울처럼 상대의 눈앞에 제시하는 일입니다.

3단계:
상대의 문제점을 이해시킨다

대화를 통해 현재 상황과 목표의 차이를 인식하게 한다

피드백을 정확히 했더라도 부하의 마음에 와닿았을 거라는 보장은 없습니다. 오히려 대부분 '전해지지 않았다'고 생각하는 편이 낫습니다. 상사야 정보 통지를 하고 나면 부하에게 잘 전해졌을 거라고 생각하고 싶겠죠. 하지만 부하 입장에서는 상사로부터 갑자기 통지받은 정보를 해석하는 일만 해도 시간이 걸립니다. 부하에게 문제점을 인식시키려면 제대로 이해할 수 있는 대화가 필요합니다.

일방적으로 들은 것만으로 이해하는 사람은 없다

2단계를 통해 부하의 문제행동을 '거울처럼' 지적했더라도 그것만으로는 부하가 당신이 말하는 바를 이해했다고 할 수 없습니다. 부하가 고뇌에 찬 표정을 짓거나 반성의 낯빛으로 변했다고 '지금 한 얘기를 잘 들은 게 틀림없다', '들은 내용을 납득한 게 틀림없다'라고 생각하시나요? 실제로 부하는 상사의 말을 잘 듣지도 않고, 납득하지도 못하는 경우가 태반입니다.

제아무리 부하에게 잘못이 있다 하더라도 부하에게는 나름의 핑계나 이유가 있습니다. 상사가 생각하는 것을 액면 그대로 받아들일 부하는 없습니다. 그러니 진정으로 이해시키려면 대화를 통해 부하가 어떤 식으로 생각하고 있는지 속을 떠보고, 그에 따라 상사의 논리나 생각을 전해야 합니다.

17세기의 위대한 철학자 파스칼은 이렇게 말했습니다.

사람을 효과적으로 훈계하여 잘못을 지적하려면, 그가 어떤 관점에서 사물에 접근하고 있는지 유의해야 한다. 그 사물은 흔히 그의 관점에서 보면 옳기 때문이다. 그러므로 우리는 이 사실을 인정해야 하지만, 그 대신 애초 그의 관점이 잘못되어 있었음을 알려주어야 한다. 그렇게 하면 그는 만족할 것이다.

— 파스칼, 《팡세》

파스칼의 말처럼 부하에게는 '사물을 보는 그 자신만의 관점'이 존재합니다. 부하는 자신의 관점에 따라 '참'을 보고 있다고 생각하기 마련입니다. 이때 상사가 할 수 있는 일은 일단 '부하의 관점'을 인정하면서도 부하가 '다른 관점'의 존재를 발견하도록 하는 것입니다. 그러기 위해서는 이해를 위한 긴 대화가 필요합니다.

구체적으로는 "내게는 이렇게 보이는데, 어떻게 생각하나?"와

관리자와 부하의 인식 차이

관리자

Said = Heard	(말한 것은 들리는 게 당연하다.)
Heard = Understood	(들린 것은 이해하는 게 당연하다.)
Understood = Acted	(이해한 것은 행동하는 게 당연하다.)

부하

Said ≠ Heard	(말을 했지만 듣지 않는다.)
Heard ≠ Understood	(듣고 있지만 이해하지 않는다.)
Understood ≠ Acted	(이해는 하지만 행동하지 않는다.)

》 대화를 통해 엇갈림을 제거하는 과정이 필요하다.

같이 먼저 부하의 생각을 말하도록 합니다. 그리고 부하가 이야기를 시작하면 말을 끊지 말고 끝까지 잘 들어줍시다. 여기서 중요한 점은 상대의 말을 '끝까지 듣는 것'입니다. 그럼으로써 자신과 부하 간의 사고방식 차이가 드러나게 됩니다. 그리고 말을 끝까지 듣고 나서 "○○ 씨는 그렇게 생각하는 듯한데, 나는 이렇게 생각하네" 같은 식으로 '차이'를 전하도록 합시다. 이에 대해서는 4장에서 온갖 유형의 부하와의 대화 예시를 통해 보다 구체적으로 다룰 것입니다.

3단계는 한두 시간이라는 긴 시간이 걸릴지도 모릅니다. 하지만 이 단계를 거치지 않으면 피드백은 아무 의미도 없게 됩니다. 이를 명심하고 부하와 마주하도록 합시다.

현재 상황과 목표 사이의 차이를 명확히 한다

부하에게 문제점을 인식시킬 때는 문제가 있는 현재 상황과 목표 간의 차이를 명확히 해야 합니다. 둘 사이가 동떨어져 있음을 안다면 누구라도 '지금 나에게 문제가 있다'는 사실을 이해할 수 있겠죠.

영업처럼 숫자로 그 차이를 보이기 쉽다면 "월 1000만 원의 할당량에 300만 원이 부족하네"와 같이 직접 숫자로 보여주는 편이 좋습니다. 고객 지원이나 총무처럼 숫자로 차이를 보이기 힘든 경우는 "원래대로라면 그 일이 어떻게 전개되어야 하는가" 질문해봅시다. 부하가 명확히 대답하지 못한다면 이쪽에서 말을 덧붙여도 상관없습니다.

그렇게 하면 부하도 현재 상황과 목표 사이의 차이를 인식하기 쉬워질 것입니다. 그런 다음 부하가 이후 무엇을 해나가야 할지

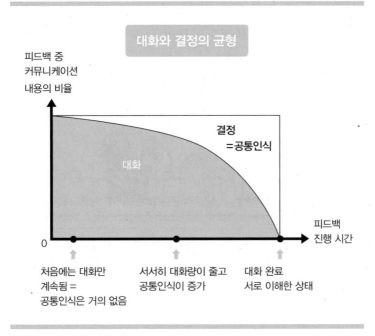

대화와 결정의 균형

피드백 중
커뮤니케이션
내용의 비율

대화

결정
=공통인식

0

피드백
진행 시간

처음에는 대화만
계속됨 =
공통인식은 거의 없음

서서히 대화량이 줄고
공통인식이 증가

대화 완료
서로 이해한 상태

'정하게 만드는 과정', 즉 '결정'으로 넘어가는 것이 중요합니다. 서서히 대화의 양을 줄이고 결정(공통인식)을 만들어봅시다.

포인트

- 한 번 말한 정도로는 부하가 99퍼센트 이해 못 한다.
- 부하가 어떻게 생각하고 있는지 들으면서 생각의 엇갈림을 제거해간다.
- 문제점을 인식시키기 위해 현재 상황과 목표 사이의 차이를 알게 한다.
- 대화의 마지막에서는 '결정'으로 넘어가 공통인식을 만든다.

4단계:
부하의 재정비를 돕는다

'이제부터 어떻게 할 것인가'를 스스로 정하게 한다

피드백은 '자극적으로 말하면 된다'고 생각하는 사람이 있는데 그것만으로는 불충분합니다. 이후 어떻게 행동을 바꿀 것인가, 즉 재정비를 지원해야 비로소 피드백이라 할 수 있습니다.

자신의 말로 되돌아보게 한다

3단계를 통해 부하가 문제점을 이해했다는 생각이 들었다면 이제 '재정비'에 들어갈 차례입니다. 과거와 현재 상황을 다시 한번 확실히 되돌아보게 하고, 현재 상황과 목표 간의 차이를 메우기 위해 무엇을 해야 할지 미래의 행동 계획이나 목표를 만들어나가야 합니다. 즉, 앞으로 자신이 무엇을 해야 할지를 스스로 결정하게 하는 것입니다. 재정비는 부하 혼자 힘으로는 좀처럼 하기 힘듭니다. 상사가 제대로 지원해주어야 합니다.

재정비의 포인트는 부하 자신에게 과거나 현재 상황을 다시 한번 말로 설명하게 하는 것입니다. 상사의 말만으로는 부하의 기억에 남지 않습니다. 스스로 말로 설명해보면 사태를 객관적으로 볼 수 있게 되며, 다음 업무에 활용할 깨달음을 얻을 수 있습니다.

부하 자신이 일으킨 문제나 문제행동을 스스로 객관적으로 분석하기란 대단히 어렵습니다. 문제에 직면하면 패닉에 빠져 주위가 보이지도 않고, 잠깐 지나면 또 자신의 행동을 정당화하고 싶은 생각에 그 사건을 주관적으로 바라보기 십상입니다. 그러나 상사가 적절한 질문을 던져주면 좁았던 시야가 트이며 사건을 냉정히 분석할 수 있게 됩니다.

What? So what? Now what?

어떻게 질문을 던져야 부하가 과거와 현재 상황을 되돌아보고, 앞으로의 행동 계획까지 만들어나갈 수 있을까요? 우선 다음 세 포인트에 관해 말하도록 지도합시다.

1. What? (무엇이 일어났는가?)

부하에게 자신이 과거·현재에 어떤 상황에서 어떤 행동을 해서 어떤 문제를 일으켰는지를 말로 설명하도록 합니다. 문제 발생의 과정을 최대한 구체적으로 재현하는 것이 중요합니다. 부하가 재현하지 못한다면, 관리자의 지적을 이해하지 못했다고 봐야 합니다. 때로는 Who(누가), When(언제), Where(어디서), What(무엇을 했다) 등을 자세히 물어보면 재현이 수월해지기도 합니다.

2. So what? (그건 왜 그런가?)

다음은 'So what?'의 차례입니다. 'What?'의 진짜 원인, 즉 자신의 행동과 인식에서 무엇이 좋았고 무엇이 좋지 않았는지 찾아가는 과정입니다. 진정한 원인이 무엇에 있었는지 부하에게 언어화하도록 합니다. 스스로 원인을 명확히 말할 수 있다면 이해가 깊어지고 문제행동의 개선으로 이어질 수 있습니다. 부하가 좀처럼 말로 설명하지 못하더라도 힌트를 주면서 부하가 자력으로 말할 수 있을 때까지 가만히 기다립시다.

3. Now what? (이제부터 어떻게 할 건가?)

문제행동과 그 원인이 명확해졌다면 다음은 'Now what?'입니다. 목표를 향해서 어떻게 문제행동을 고쳐나갈 것인지 부하 자신이 정하도록 합니다. "행동을 이렇게 바꾸도록 하게"라고 상사가 밀어붙이면 부하에게 동기 부여가 되지 않습니다.

① **What?**

무엇이 일어났는가?

상사와 부하의 인식 차이를 명확히 해둔다.

② **So what?**

그건 왜 그런가?

무엇이 지금 이대로 좋으며 무엇을 바꾸지 않으면 안 되는지 말하도록 한다.

③ **Now what?**

이제부터 어떻게 할 건가?

앞으로 어떤 목표를 향해 움직일 건지 말하도록 한다.

시간이 얼마든 걸려도 좋으니 여기서는
≫ 상대의 입으로 확실히 말하도록 할 것

이 단계에서는 부하가 새로운 행동 계획이나 목표를 세우도록 돕고 목표 달성을 약속받습니다. 이후 문제행동이 개선되지 않더라도 여기서 약속한 내용은 다음번 피드백의 소재가 됩니다.

포인트

• 다시 한번 부하 스스로 문제행동을 되돌아보게 한다.
• 다시 한번 언어화하게 하면 진짜 원인에 대한 이해가 깊어진다.
• 이제부터 어떻게 할 것인지를 스스로 정하게 한다.

5단계:
앞으로의 기대를 분명히 알린다

부하가 '할 수 있다'고 느끼게 해준다

피드백을 마무리할 때는 부하에게 앞으로의 기대를 말하고 응원해줍시다. 몇 번이고 같은 말을 하게 만드는 부하에 대해서는 재발방지책을 제대로 강구하는 것도 잊지 맙시다.

지원한다고 표현해 부하의 고독감을 없앤다

'지금부터 어떻게 행동을 바꾸어갈 것인가'에 대해 부하와 공통인식을 갖게 되었다면 피드백은 거의 막바지입니다. 이제 부하가 스스로 정한 길을 착실히 걸어갈 수 있도록 마지막 두 가지 포인트를 전해줍시다.

첫 번째 포인트는 "앞으로도 기대하겠다"고 분명히 전하는 것입니다. 덧붙여 "곤란할 때에는 최대한 지원하겠다"는 말도 확실히 전해야 합니다. 그렇게 말하는 것만으로도 피드백을 받는 부하의

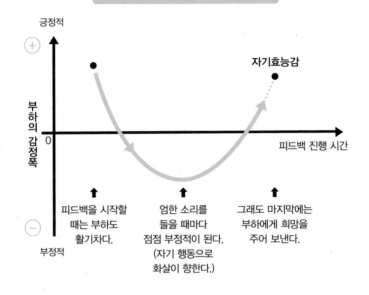

기대 통지: 자기효능감을 높인다

긍정적

(+)

자기효능감

부하의 감정폭

0

피드백 진행 시간

(−)

부정적

↑
피드백을 시작할
때는 부하도
활기차다.

↑
엄한 소리를
들을 때마다
점점 부정적이 된다.
(자기 행동으로
화살이 향한다.)

↑
그래도 마지막에는
부하에게 희망을
주어 보낸다.

고독감을 누그러뜨릴 수 있습니다. 그러면 그들이 자신의 방식을
재정비할 때 큰 도움이 됩니다.

또 '할 수 있다'는 자기효능감을 얼마나 고양하는가도 중요합니
다. 피드백은 자칫 자기효능감을 떨어뜨릴 수도 있습니다. 하지만
자기효능감이 떨어진 상태로 놔두면 피드백의 효과가 나타나지 않
습니다.* 그러니 마무리할 때는 부하가 가는 길에 희망을 줍시다.

재발방지책을 세워둔다

또 하나 중요한 일은 재발방지책을 세워두는 것입니다. 문제가 있는 부하는 이미 자신의 문제에 관해 몇 번이고 거듭 지적받았을 수 있습니다. 그러므로 문제의 재발을 전제하고 사전에 방지책을 세워놓도록 합시다. 아래의 내용에 대해 부하와 구체적으로 이야기를 나누며 대책을 세워두는 것이 중요합니다.

1. 지금 끌어안고 있는 문제는 어떤 경우에 재발하는가?
2. 문제가 재발할 것 같을 때 어떻게 할 것인가?

포인트

- "앞으로도 기대하겠다", "나도 지원하겠다"는 말을 전한다.
- 자기효능감을 가질 수 있도록 말한다.
- 재발방지책을 의논해둔다.

* Kluger, A. N. & DeNisi, A., "The Effects of Feedback Interventions on Performance: A Historical Review, a Meta-Analysis, and a Preliminary Feedback Intervention Theory", *Psychological Bulletin*, Vol. 119(2), 1996, pp. 254-284.
Brown, J. D., "High Self-esteem Buffers Negative Feedback: Once More with Feeling", *Cognition and Emotion*, Vol. 24(8), 2010, pp. 1389-1404.

[사후 지원]
사후의 지원도 잊지 않는다

행동 개선이 잘 이루어졌는지 거듭 확인한다

피드백을 한 뒤 그대로 방치하면 안 됩니다. 이후 행동이 개선되었는지 자주 확인해야 합니다. 확인을 반복해야 부하가 차츰 행동을 개선해나가게 됩니다.

정기적으로 확인할 기회를 갖자

부하의 행동을 개선하려면 피드백 후의 지원이 중요합니다. 행동이 개선되었는지 자주 확인해야 부하는 자신이 진보하고 있는지 알 수 있으며, 개선에 대한 열의를 지속시킬 수 있습니다. 1년에 한 번이나 반년에 한 번 하는 면담 때에만 확인해서는 부족합니다. 주 1회, 적어도 격주 1회 정도 확인하는 기회를 만들어야 합니다. 5장에서 설명하겠지만, 피드백을 할 거라면 정기적 미니 면담인 '1 on 1'을 도입하는 것이 좋습니다.

피드백은 여러 번 필요하다고 생각하자

피드백을 했는데 부하의 행동이 전혀 개선되지 않을 수도 있습니다. 그러나 단 한 번의 피드백만으로 행동이 개선되는 것이 오히려 드문 일입니다. 인간은 그렇게 간단히 바뀌지 않습니다.

한 차례의 면담만으로는 시간이 부족하다면 두 번째 면담이 필요합니다. 피드백은 한 번만이 아니라 몇 번이고 하는 것이라고 생각해두는 편이 좋습니다.

사람을 변화시키려면 시간과 정성, 온갖 수단을 모조리 쏟아넣어야만 합니다. 무엇보다 포기하지 않고 부하의 변화를 믿어주는 것이 가장 중요합니다.

> **포인트**
>
> - 행동 개선에는 사후 지원이 필수다.
> - 최소한 격주 1회는 확인할 기회를 갖는다.
> - 피드백은 한 번으로 끝나지 않는다는 사실을 명심하자.

피드백 후에도 긴장을 늦추지 말라

 ① 정기적으로 확인할 기회를 갖는다.

이전에 얘기한 것은
어떻게 됐나?

상사

부하

아, 실은
그 뒤에…

일찌감치
궤도 수정
하기도 쉽다.

② 피드백은 1회로 끝나는 게 더 드물다.

그럼, 다시 한번
되돌아볼까?

상사

부하

좀처럼 잘되질
않아서요…

≫ 피드백은 사후 지원 및 후속 조치도 중요하다.

피드백의 기본 모델: 5단계로 실천하는 피드백

포인트1:
피드백은 '즉시' '과도기'에 한다

적절한 타이밍이 효과를 높인다

하루하루 업무가 바쁘다 보니 피드백 타이밍을 고민하게 됩니다. 그런데 피드백하는 타이밍에는 철칙이 있습니다. '즉시' 그리고 '과도기'에 한다는 것입니다.

바로 하지 않으면 잊어버린다·복잡해진다

피드백은 적절한 시기에 하는 것이 굉장히 중요합니다. 이상적으로는 문제가 일어나면 '바로' 해야 합니다. 쇠뿔도 단김에 빼라고, 피드백이 필요하다고 느껴지면 되도록 신속하게 자리를 마련해야 합니다. 이것을 즉시 피드백의 원칙이라고 합니다.

　왜냐면 시간이 지난 뒤에는 문제를 지적해도 어떤 행동이 문제였는지 부하가 상세히 기억해내지 못하기 때문입니다. 또 문제는 한번 발생하면 시간이 지날수록 꼬이고 복잡해져서 원래대로 되돌리기가 힘들어집니다.

하지만 그렇다고 제대로 사실 확인도 하지 않은 채 피드백을 하면 잘못될 수도 있으므로 너무 서두르지는 않는 편이 좋습니다. 그래도 관리자라면 문제가 일어난 때로부터 되도록 빨리 피드백을 하고 싶기 마련입니다.

역할어 바뀐 지 얼마 안 된 시기가 피드백 적기

또 다른 적기는 과도기입니다. 승진이나 인사이동한 지 얼마 안 된 시기에 피드백을 하는 편이 효과가 좋습니다.

피드백은 상대가 나이가 많을수록 효과를 보기 어려운데, 이는 같은 일이나 역할을 오래 담당한 사람도 마찬가지입니다. 과장으로 승진한 사람이라도 1년째는 풋풋하지만 3~4년이 지나면 피드백이 듣지 않기도 합니다.

담당 직무나 역할이 바뀐 직후에는 정신적으로 불안정한데, 한편으로 이때는 외부의 목소리를 받아들여 변화하기 쉬운 말랑말랑한 시기이기도 합니다. 시간이 지나 딱딱하게 굳어버리고 만 뒤에는 엄한 피드백으로도 변화시키기가 굉장히 어렵습니다. 부하가 아직 풋풋할 동안에 피드백을 하도록 합시다.

피드백은 언제 하나?

① 즉시 문제가 일어났을 때·문제를 알게 된 후 바로

② 과도기 승진이나 인사이동한 시기에

- 문제가 일어나면 되도록 신속히 피드백한다.
- 승진이나 이동한 지 얼마 안 된 시기를 놓치지 말고 피드백한다.

포인트2:
피드백의 내용을 기록한다

면담 수첩 정도도 좋으니 메모해두자

'어, 그러고 보니 이전 면담 때 무슨 말을 했더라?' 이런 사태를 막기 위해서도 피드백 중에 메모를 남겨둬야 합니다.

끝난 뒤라도 상관없으니 메모한다

피드백이 한창일 때는 부하에게서도 갖가지 이야기가 나옵니다. 상황에 따라 다르겠지만 피드백에서 부하가 말한 내용, 상사와 부하 간 합의한 내용에 관해서는 제대로 기록해두는 편이 좋습니다. 피드백이 한창일 때 혹은 끝난 뒤에라도 좋으니 발언 내용을 반드시 메모해둡시다. 그러면 이후 면담에서 "전에 이런 행동을 한다고 말했는데 어떻게 됐나?"라며 확인할 수 있습니다. 또 변명이나 반론이 나왔을 때 '논리의 빈틈'을 찾는 재료가 됩니다.

부하에게 쓰게 만드는 수도 있다

그날 면담에서 이야기한 내용을 부하에게 정리해 제출하게 한다는 관리자가 있었습니다. 그렇게 하면 면담 수첩이 될 뿐만 아니라 부하가 면담에서 나온 말을 어떻게 받아들였는지 확인할 수 있다고 합니다. '내가 열심히 전하려고 했던 핵심이 쏙 빠져 있네.

피드백의 기록

• 피드백 내용은 반드시 메모한다.

좀 더 반복해서 말하는 편이 좋겠어', '말할 생각이 아니었던 게 적혀 있네. 뭔가 착각하고 있었던 건 아닐까?'라고 느낄 때가 많아 평상시에 부하를 지도하는 데 도움이 된다고 합니다.

어느 쪽이 됐든 메모 등으로 기록을 남겨 피드백을 되돌아보는 것은 양쪽 모두에게 대단히 효과적입니다.

> **포인트**
>
> - 피드백이 한창일 때나 끝난 직후에 대화 내용을 메모한다.
> - 부하에게 회의록 같은 것을 쓰도록 하는 방법도 좋다.

포인트3:
피드백을 온라인으로 해도 될까?

메일은 NO! 화상 전화는 OK!

어떤 업계든 업무에 IT가 깊게 뿌리내린 요즘, 피드백을 메일이나 화상 전화로 해도 될까요?

메일로는 명확한 진의가 전해지지 않는다

최근에는 대부분의 업무 연락을 온라인으로 하는 직장이 많아졌습니다. '일을 방해하지 않도록' 직접 만나는 일이나 전화를 지양하고 자기 사정에 맞춰 읽을 수 있는 메일을 이용하는 것이 당연해졌습니다.

이런 상황에서 쓴소리를 해야 하는 피드백 역시 직접 만나서 이야기하지 않고 메일로 전하는 관리자도 생겨났습니다. 하지만 메일로 하는 피드백은 백해무익합니다. 피드백을 메일로 하면 반드시 오해를 낳을 수밖에 없기 때문입니다.

메일은 상대의 표정이나 목소리 톤을 알 수 없고 건조한 문자로밖에 정보를 전할 수 없기 때문에 상대의 생각을 정확히 받아들이기 어렵다는 약점이 있습니다. 이는 쓴소리를 해야 하는 피드백에는 더욱 치명적입니다. 안 그래도 피드백은 관리자의 진의를 전하기가 힘든데, 더욱더 어렵게 만들 것이 분명하기 때문입니다. 부하가 너무 깊이 생각한 나머지 지나친 억측으로 쓸데없이 우울해하거나, 반대로 잘못 받아들여 불같이 화를 내기라도 하면 상사와의 인간관계 자체가 악화할 수도 있습니다.

상대의 반응을 보기가 껄끄러워 메일로 보내고 마는 관리자도 있습니다. 그러나 당장 눈앞의 스트레스를 줄이려고 꾀를 부렸다가는 나중에 더 큰 스트레스를 받게 될 수 있다는 사실을 명심합시다.

화상 전화라면 현실이나 마찬가지

온라인상의 소통이라도 화상 전화라면 문제가 없을지도 모릅니다. 얼굴이 보이는 데다 목소리 톤도 알 수 있기에 실제와 거의 같은 피드백이 가능합니다.

화상 전화로 피드백을 할 때의 유의 사항 역시 실제 얼굴을 보고 하는 피드백과 다를 바 없습니다. '부하와 제대로 마주하고 SBI 정보를 토대로 거울처럼 사실을 전할 것', '엄한 지적을 하는 것뿐만 아니라 부하의 재정비를 지원할 것' 등은 마찬가지입니다.

다만 화상 전화로 하는 소통에서는 잡담과 같이 괜하게 주고받는 말이 줄어드는 경향이 있습니다. 하지만 그렇게 주고받는 말을 통해 상대의 감정을 짐작할 수도 있으니 가끔은 의식적으로라도 잡담을 하는 편이 좋습니다.

> **포인트**
>
> - 메일로 피드백을 하면 오해가 생기기 쉬우니 하지 말 것.
> - 화상 전화로 피드백할 때는 의식적으로 잡담을 끼워 넣는다.

제3장

관용구와 대화로 배우는
피드백의 포인트

위에서 그렇게 얘기하니까
어쩔 수 없이 얘기하는 거야

상사나 인사부를 탓하며 발뺌해서는 안 된다

이번 장에서는 피드백을 할 때 의식해야 하는 내용을 실제 대화 사례와 관용구를 통해 전해드리겠습니다. 먼저 피드백이 시작된 직후의 장면부터 보시죠. 이런 말을 해버리면 모든 게 허사가 되어버립니다.

자기 책임이 아니라고 주장해봤자 바로 틀킨다

많은 관리자가 피드백을 하고 난 뒤 '모진 소리 했다고 부하가 원망하는 것'을 두려워합니다. 부하가 그 자리에서 울거나 폭발해도 곤란하지만, 피드백 후에 말을 듣지 않거나 거리를 두기 시작하면 같이 일하기 힘들어집니다.

하지만 원망받고 싶지 않다고 해서 발뺌하는 말을 입 밖에 내면 모든 일이 허사가 됩니다. 대표적인 말이 "○○에서 그렇게 얘기하니까 할 수 없이 모진 소리 좀 할게. 난 그렇게 생각 안 하지만 말이야"입니다. ○○에는 인사부, 위, 사장님 등의 단어가 들어갑니다. 비슷한 말로 "사장님 방침이니 지금은 참고 따라주게"도 있습니다.

어느 말이든 '내 책임이 아니다'라는 점을 주장하기 위해서겠죠. 하지만 이런 식으로 말하고 나면 그다음에 따라오는 피드백은 전혀 먹히지도 않고, 부하도 고분고분 자신의 행동을 개선하려 하지 않습니다. 게다가 정말로 그렇게 생각하지 않는다면, 사장이나 인사부에 맞서 부하를 옹호해주는 것이 맞습니다. 그러지 않는다는 건 상사도 그렇게 생각하고 있다는 뜻이며, 그저 책임을 회피하기 위한 발언일 뿐이라는 게 자명합니다.

애초에 관리자의 일은 경영진으로부터 내려온 방침을 알아들을 수 있는 말로 부하에게 이해하기 쉽게 전하는 것(목표 되새김)입니다. 경영진으로부터 내려온 방침을 말 전하기 게임처럼 그대로 옮기기만 할 뿐이라면 관리자는 필요 없습니다. 회사나 경영진이 직접 전하는 편이 낫겠죠. 관리자는 경영진의 방침을 되새김하여 부하에게 전달하는 '대변인'으로서의 각오를 굳혀야 합니다. 그런 각오를 다지고 발뺌하지 않는 자세가 무엇보다 필요합니다.

• 평소와 같은 어조로 이야기해서는 안 된다.

평소와 다른 어조로 말한다

부하가 받을 충격을 누그러뜨리려고 평소처럼 가벼운 어조로 피
드백하는 사람도 있습니다. 이 또한 먹히지 않는 피드백이 되기
십상입니다. 평소 같은 말투를 쓰면 부하도 '그냥 또 뭔가 말하는

구나'라며 별로 중요하게 생각하지 않고 흘러버릴지도 모르기 때문입니다.

엄한 피드백을 할 때는 평소와는 다른 진지한 어조로 이야기해야 합니다. 평소 말투와는 다른 어조로 분위기를 달리하면 상대도 '어? 평소와 다른데?'라고 느끼고 긴장하게 됩니다.

상대에게서 눈을 떼지 않고 제대로 마주하는 것도 중요합니다. 이제부터 하기 어려운 말을 꺼낸다는 생각에 피드백을 하는 관리자도 신뢰감이 떨어지는 행동을 보이곤 합니다. 눈을 피하거나 몸을 삐딱하게 돌리기 쉬운데, 그런 행동거지는 상대에게 우습게 보일 빌미를 줄 뿐입니다.

2장에서 '피드백은 독실에서 해야 한다'고 이야기했습니다. 그것은 피드백 당하는 쪽의 체면을 배려하기 위해서이기도 하지만 피드백하는 쪽이 '평소와는 다른 커뮤니케이션 방법을 택했다'는 점을 보이기 위해서이기도 합니다. 부하가 '지금부터 하는 말을 진지하게 듣지 않으면 안 된다'라고 생각하게 만드는 것이 중요합니다.

> **포인트**
>
> - 사장이나 인사부 등을 탓하며 책임을 회피하면 허사가 된다.
> - 평소 말투가 아니라 진지한 어조로 말한다.

관용구와 대화로 배우는 피드백의 포인트

시간을 들여 앞날을 위해
의논해보자

'자네의 행동을 개선하기 위해 끝까지 함께하겠다'는 각오를 보인다

피드백은 생각보다 시간이 많이 듭니다. 이를 감안해 넉넉하게 시간을 내야 합니다. 포인트는 시간을 냈다는 점을 부하에게 전하는 것입니다. 이를 통해 상사의 각오를 보일 수 있습니다.

피드백은 생각보다 시간이 많이 걸린다

실제로 피드백을 하다 보면 '생각보다 시간이 많이 걸린다'는 사실을 실감하게 됩니다. 많은 관리자가 입을 모아 얘기하듯이 엄한 피드백을 할 때는 대개 예상보다 배 이상의 시간이 걸립니다. 한 시간에 끝내겠다고 생각했다면, 일단 두 시간은 걸린다고 보는 편이 좋습니다.

그런데 시간이 더 많이 걸린다는 점을 감안하지 않고 다음 일

정을 잡아놓으면 피드백에 시간제한이 걸려버립니다. 이 때문에 피드백이 어중간하게 끝난다면 최악의 사태입니다. 면담이 끝나도 부하는 아무것도 이해하지 못한 채 떨떠름한 기분으로 지내게 됩니다. 이런 상황에서는 무엇 하나 개선될 리가 없습니다.

그러니 아무리 바쁘더라도 엄한 피드백을 할 때는 가능한 한 다음 일정을 바로 잡아놓지 않는 편이 좋습니다.

시간을 충분히 잡았다는 사실을 부하에게 전하는 의미는?

피드백 시간을 충분히 잡아두는 것은 '시간제한 때문에 어중간하게 끝나는 사태를 막는다' 이외의 효과도 있습니다. 예를 들어 다음과 같이 말할 수 있습니다.

"오늘은 시간을 들여 앞날을 위해 의논해보자."
"두 시간이든 세 시간이든 상관없다."
"이후의 일정은 전부 비워두었다."

이렇게 말하면 '자네 행동을 개선하기 위해 끝까지 함께하겠다'

… (화가 나서 입을 닫고 있다.)

오늘은 몇 시간이 걸려도 좋으니 차분히 이야기를 나눠보세.

부하　　　　상사

는 상사의 각오를 보일 수 있습니다. 그러면 부하도 '진지하게 이야기를 듣지 않을 수 없다'는 마음가짐을 갖게 되겠죠.

포인트

• 피드백 시간을 여유 있게 잡아두고, 다음 일정을 잡아놓지 않는다.
• '시간을 충분히 잡았다'는 사실을 부하에게 전한다.

나쁜 피드백 ☹

자네는 ○○적이고 ○○성이 부족하군

추상적인 피드백에 주의한다

추상적인 표현으로 피드백을 받으면 부하는 무엇을 어떻게 고쳐야 할지 알 수 없습니다. 문제점을 구체적이고 논리적으로 전해야 한다는 점을 꼭 기억합시다.

구체적이고 논리적으로 전하는 것이 철칙

피드백할 때의 철칙은 부하의 문제점을 되도록 구체적으로, 동시에 논리적으로 전하는 것입니다. 그렇게 해야 부하가 문제점을 이해하고 행동을 개선할 수 있습니다.

예를 들어 항상 마감에 늦는 부하가 있다면 "자네, 항상 마감에 늦고 있잖아?"라고 추상적으로 말할 게 아니라 "이 일의 제출이 마감보다 3일 늦었군"처럼 되도록 구체적으로 말합니다.

그런 다음 '왜 그게 민폐인가', '왜 그 행동을 고치지 않으면 안 되는가'를 논리적으로 설명해야 합니다. "기껏해야 마감이라고 생각할지도 모르겠지만, 신뢰를 잃고 계약이 끊길 가능성도 있다" 같은 엄한 소리까지 숨김없이 말한다면 부하도 일의 심각성을 이해할 수 있을 것입니다.

'항상'이라고 말하지 말고 '언제'인지 명확히 한다

하지만 무심결에 추상적인 말투를 쓰는 관리자가 적지 않습니다. 예컨대 "항상 ○○하고 있지", "최근 ○○한데 말야"처럼 언제 한 행동인지 애매한 피드백에 주의합시다. 구체적으로 어느 시점의 행동인지 말해주지 않으면 부하는 그 행동을 되돌아보고 문제점을 생각해내지 못합니다.

의외로 저지르기 쉬운 실수가 '○○적', '○○성'이란 단어를 써서 피드백하는 것입니다. 예를 들어 "모든 일에 비관적이군", "최근 들어 주체성이 느껴지지 않는데" 같은 식입니다. 이런 추상적인 말로는 부하가 어떤 행동에 문제가 있고 앞으로 어떻게 바꿔야 좋을지 전혀 알 수가 없습니다.

추상적인 말투를 쓰는 이유는 대부분 그 부하에 대한 데이터

'애매한 피드백'은 실패의 원인

● 억측이나 추상적인 말투는 나쁜 피드백

● SBI 정보를 토대로 한 좋은 피드백

가 부족해서입니다. 구체적이고 논리적으로 말하기 위해 평소 부하를 제대로 관찰하고 데이터를 수집해둡시다. 2장에서 이야기했듯이 SBI 정보가 특히 중요합니다. 어떤 상황에서Situation 어떤 행동을 한 것으로Behavior 어떤 영향이 있었는가Impact를 알려주는 SBI 정보를 사전에 조사해놓으면 부하도 진지하게 받아들이기 마련입니다.

포인트

- 피드백은 구체적이고 논리적으로 전하고 추상적인 말투를 쓰지 않는다.
- '항상', 'ㅇㅇ적', 'ㅇㅇ성' 같은 단어를 쓰지 않는다.
- 구체적으로 말하려면 사전 정보 수집이 필수다.

좋은 피드백

지금 자네는 ○○ 처럼 보이는데 어떻게 생각하나?

일방적으로 단정 짓는 말투를 쓰지 않는다

부하가 저지른 문제행동의 원인을 일방적으로 단정 짓고 떠들어봤자 부하는 귀 기울이지 않습니다. 그러면 어떤 전달 방법을 쓰면 좋을까요?

문제행동의 원인을 멋대로 단정 지으면 반드시 반발한다

피드백을 할 때 자주 빠지는 함정이 부하가 저지른 문제행동의 원인을 상사 혼자 단정 지은 채 덮어놓고 무조건 나무라는 것입니다. 예컨대 "실수가 잦은 건 할 마음이 없기 때문이야. 어차피 놀 궁리만 하고 있겠지. 그럴 게 분명해"처럼 단정 짓는 것입니다.

그러나 부하에게 이야기를 듣지 않고 부하가 저지른 문제행동의 원인을 100퍼센트 밝혀낼 수는 없습니다. 이야기를 듣기도 전에 상사가 단정 지은 것부터 얘기하면 부하는 반드시 반발합니다. 덮어놓고 멋대로 단정하는 상사에게 자기 실수의 원인을 다짜고짜 지적당하면 누구라도 불쾌하기 마련입니다.

앞서 소개한 파스칼의 명언처럼 상대에게는 상대의 '사물을 보는 관점'이 있고, 그 '사물을 보는 관점' 안에서는 보이는 그것이 '참'입니다. 이 상황을 개선하기 위해서는 '부하가 사물을 보는 관점'을 일단 경청하고 받아들인 후에 비로소 '다른 관점'이 있다는 사실을 알려줘야만 합니다.

"실제로는 어떤가?"
"그에 대해 어떻게 생각하나?"라고 묻는다

상대에게 먹히는 피드백을 하고 싶다면 멋대로 단정 지어서는 안 됩니다. 사실을 근거로 객관적인 자세를 견지하며 담담하게 말을 이어갈 수 있도록 신경 씁시다.

2장에서 이야기했듯이 그럴 때 쓰면 좋은 말이 "○○처럼 보이는군"입니다. '보인다'라는 말을 붙이는 것만으로도 눈에 들어온 사실을 그대로 객관적으로 전달한다는 인상을 줍니다.

덧붙여 "그 일에 관해 어떻게 생각하나?"라고 묻는 것도 중요합니다. 이렇게 부하에게 변명할 기회를 주면 상사가 일방적으로 단정 짓는다는 느낌을 주지 않을 수 있고, 자연히 부하가 반발할 가능성도 줄어듭니다. 변명을 듣는 과정을 통해 진짜 원인이 밝혀지기도 하겠죠.

알량한 변명도 있겠지만 그래도 말하고 싶은 바를 말하게 놔두면 부하의 기분은 진정됩니다. 그런 다음 "여기에 문제가 있는 건 아닌가?"라고 말한다면 부하도 귀를 기울일 것입니다. 바꿔 말하자면, 상사가 일방통행으로 정보를 통지하는 것만으로는 부하의 이해를 얻기 어렵습니다.

"이건 안타깝게 생각하네", "자네는 아직 할 수 있다고 생각하네"라는 식으로 감정을 조금 보태는 것은 상관없지만, 어디까지나 객관적인 자세를 견지하도록 신경 씁시다.

> **포인트**
>
> • 일방적으로 단정 짓는 듯한 말투를 쓰면 부하가 반발한다.
> • "내게는 이렇게 보이는군" 같은 식으로 말하면 단정 짓는 듯한 느낌이 사라진다.
> • "실제로는 어떤가?"라고 부하에게 변명의 기회를 부여하면 진짜 원인을 알 수 있게 되고, 부하에게 문제점을 이해시키는 게 가능해진다.

부하의 판단에 제대로 개입한다

- 일방적으로 단정 지으면 부하가 반발하게 만드는 나쁜 피드백

방법이나 타이밍이
좋지 않으니까
목표 미달인 거라고!

목표 달성이 힘든 건
지역이나 손님 탓인 게
당연하잖아!

상사　　　　부하

- 질문을 던져 다른 시점에서 생각해보게 만드는 좋은 피드백

SBI 정보
+
어쩌면 방법이나 타이밍의 문제가
아니었을까?

확실히 방법이나
타이밍은 조금 더
개선할 수 있을지도
모르겠다.

상사　　　　부하

나쁜 피드백 ☹

그것도 그렇고
이전의 그것도…

이것저것 지적하는 것은 역효과를 낳는다

일을 지시할 때 '핵심만 단순하게 말하는 편이 낫다'고 이야기합니다. 이것저것 이야기하면 무엇이 중요한지 알 수 없어 도중에 잊어버리기 때문입니다. 피드백 역시 마찬가지입니다.

이것저것 지적하면 '찰거머리 같다'고 생각한다

"이번만이 아니라 전에도 기한을 못 맞췄잖아."

부하의 문제행동을 피드백할 때 복수의 행동을 동시에 지적하는 경우가 있습니다. 같은 실수를 반복하는 부하라면 어쩔 수 없기도 하겠죠.

하지만 "그때도 이랬잖아", "요전에도 그랬고 그 전에도 그랬잖아"라며 여러 과거를 다시 문제 삼으면 그 일에 대한 안 좋은 감정만 부추기기 때문에 부작용만 낳기 십상입니다. 아무리 부하에게 문제가 있더라도 너무 심하게 몰아붙이면 역효과를 낳습니다. '피드백은 심플하게'가 원칙입니다.

이것저것 지적하면 희미해진다

또한 한 차례 피드백을 할 때 "그 건은 마감에 늦었다", "이 건은 실수가 잦다"는 식으로 복수의 문제점을 지적하는 것도 삼가야 합니다. 부하 입장에서는 비난당하는 기분만 들기 쉽기 때문이기도 하지만, 여러 사항을 동시에 지적하면 부하의 머릿속에 제대로 남지 않기 때문입니다. 한 차례의 피드백에서 지적할 문제점은 한 개라고 다짐합시다.

인재 개발에서는 '1회 1지시'라는 원칙이 있습니다. 한 번에 복수의 지시를 하거나 지적을 하면 상대는 좀처럼 이해하지 못하고 결국 바뀌지 않습니다. 복수의 지적을 하게 되는 데에는 애초에 피드백 면담 횟수가 적다는 원인이 있습니다. 뒤늦게 과거 일을 꺼내봤자 부하는 기억도 못 하고 '왜 이제 와서 그런 소리를 하나' 생각하기도 합니다. 뭔가 문제행동이 있다면 조속히 면담 기회를 마련하고 즉시 피드백합시다.

애매한 기억으로 이야기하면 신뢰를 잃는다

더더욱 나쁜 것은 기억이 분명치 않은 일을 피드백하는 것입니다. "그거 있잖아, 그거. 뭐였더라? 왜 있잖아…" 같은 말투로 문제가 있었는지 어쨌는지 애매한 일을 지적하는 피드백 말입니다.

그러면 부하는 '이 사람은 나를 제대로 봐주지 않는구나'라고 생각하고 나아가 '이 사람 말은 대충 무책임하게 던지는 거니 귀담아 들을 필요 없어'라고 생각하게 됩니다. 게다가 그 부하의 실수가 아니라 다른 부하의 실수로 밝혀지는 사태라도 벌어지면 단번에 신용을 잃게 되겠죠.

5장에서 이야기하겠지만, 피드백을 할 때는 부하의 문제행동에 관해 다른 여러 명의 부하, 다른 부서의 관리자 등에게도 이야기를 들어보고 확고한 증거를 잡는 것이 중요합니다.

> 포인트
> • 과거의 문제를 지나치게 다시 들추지 않는다.
> • 한 차례의 피드백에서 지적하는 문제점은 한 개로 제한한다.
> • 애매한 기억으로 피드백하지 않는다.
> • 제삼자에게서 정보를 모아두는 것도 중요하다.

사전 준비가 부족한 피드백은 위험!

❶ 과거 일을 다시 끄집어내는 나쁜 피드백

그때도 제대로 못 했지.
요전에도… 아, 그리고
그 전에도…

아, 그럼 아예
처음부터 얘기하라고!

상사   부하

❷ 오해에서 비롯한 나쁜 피드백

음, 저기,
그전에도 같은
실수를 했잖아?

응?!
설마
B 씨랑 나를
착각하는 거야?!

상사   부하

그런가? 그렇게 생각하는군 하지만 말이지…

이야기를 전부 들어주고 그 이야기를 반복한 뒤 반박한다

피드백이라고 하면 '전하는 것'에만 주목하기 쉬운데 '말을 듣는 것'도 중요합니다. 부하의 주장을 제대로 다 들어주는 것만으로도 '상사가 덮어놓고 자기 말만 했다'는 오해를 막을 수 있습니다. 또 부하를 이해시킬 수도 있습니다.

우선 이야기를 들으며 논리의 빈틈을 기다린다

'쓴소리를 했는데도 부하가 잠자코 순순히 경청해주었다' 같은 고마운 일은 실제 피드백 현장에서 거의 일어나지 않습니다. 많은 경우 부하는 "그렇게 말씀하시지만…"이란 말로 반론이나 변명을 시작하거나 침묵해버리기 때문입니다. 부하에게는 그 자신의 현실 인식과 관점이 있기 때문입니다.

이런 반응이 돌아오면 기분이 나빠질지도 모릅니다. 하지만 짜

증이 난 나머지 부하의 반론이 다 끝나기도 전에 "아무리 그래도", "그건 그렇고"라며 말을 자르고 반론을 시작하면 분위기만 험악해질 뿐입니다. 우선은 짜증이 나기 시작하는 자신을, 마음이 어수선한 자신을 인식해야 합니다.

부하의 반론이나 변명에 대처할 때 요점은 공격이 아닙니다. 우선 부하의 변명을 제대로 들어야 합니다. 부하도 자기 생각을 전부 토해내야 시원해지고, 상사의 말을 들을 여유가 생깁니다. 또 어떤 반론이나 반발이라도 냉정하게 듣고 있으면 반드시 '논리의 빈틈'이 보이기 마련입니다. 그때야말로 반격할 기회입니다.

느닷없이 "하지만 말이지"라고 받아치지 않는다

가장 중요한 점은 갑자기 "하지만 말이지"라며 자신의 주장을 쏟아내지 않는 것입니다. 그렇게 하면 부하도 울컥 화가 치밀어 더더욱 변명이나 반론을 늘어놓는 악순환이 일어납니다. 이를 예방하려면 느닷없이 받아치지 말고 부하가 한 말을 반복한 후에 받아쳐야 합니다.

예컨대 항상 마감에 늦는 부하가 "꽃가루 알레르기가 심해서 일에 집중하지 못하는 바람에 마감을 못 맞췄습니다"라고 했다

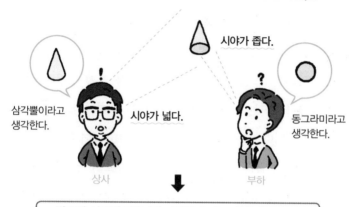

이해가 가는 대화: 피드백에는 견해의 조율이 필요하다

• 같은 것을 봐도 받아들이는 방식은 다르다.

시야가 좁다.

삼각뿔이라고
생각한다.

시야가 넓다.

동그라미라고
생각한다.

상사

부하

• 반드시 서로의 말을 듣는 '이해가 가는 대화'가 필요하다.

견해 조율

상사

부하

면, 그럴 때 "꽃가루 알레르기 때문에 일에 지장이 있었다는 거로
군. 그건 딱하구먼", "꽃가루 알레르기가 심해 집중을 못 했군. 그

거 큰일이네"처럼 일단 부하의 발언을 반복하는 것입니다. 이렇게 부하의 말을 반복하면 부하는 상사가 '들어주고 있다'고 느낍니다. 그러면 조금씩 마음을 열게 되는데, 바로 그 순간이 역습 기회입니다. "하지만 말이지"라고 말하며 자신의 주장을 전개합니다.

다시 꽃가루 알레르기 예를 들자면 "병원에 가서 약을 받아올 수 있었을 텐데. 최근에는 졸음이 오지 않는 약도 있다더군", "집중할 수 없다는 걸 알았다면 일정을 좀 여유 있게 조정했어야 하는 거 아닌가?" 하는 식으로 '직장인으로서 상대가 했어야만 하는 일'을 지적합니다. 그러면 일단 상사가 한 번 들어주었으니 부하도 상사의 말에 귀를 기울이게 됩니다. 한 번으로 안 되더라도 두 번 세 번 반복해서 부하의 말을 되돌려주면, 부하는 상사가 자기 말을 들어준다는 느낌을 갖게 되겠죠.

피드백 도중에 부하의 말을 잠자코 듣고 있노라면 '부하에게 진 것 같은 기분이 든다'는 관리자도 있습니다. 그러나 그건 틀린 소리입니다. 피드백은 '받아들여 공격하는 것', '져서 이기는 것'입니다.

포인트

- 변명이나 반론을 제대로 듣고 논리의 빈틈이 나오기를 기다린다.
- 논리의 빈틈이 보이면 자신의 주장을 말할 기회다.
- 느닷없이 반론하지 말고 상대가 한 말을 반복한 다음에 반격한다.

피드백은 듣는 것도 중요하다

먼저 부하의 주장을 제대로 듣는다.

우선은 받아들인다.

부하의 변명이나 반론을 토대로 자신의 주장을 말한다.

그런 후에
반격한다.

어떻게 하면 ○○하지 않고
끝낼 수 있을까?

개선책은 부하가 생각하게 한다

문제점을 지적한 후 개선책을 강구하는 것까지가 피드백입니다. 그렇지만 상사가 개선책을 밀어붙이면 부하는 의욕을 잃고 맙니다. 반드시 부하가 선택하도록 합시다.

복수의 대책을 생각한 뒤 고르게 한다

당신이 지적한 문제점을 부하가 납득했다면 함께 재정비 대책을 생각할 차례입니다. 피드백은 '쓴소리'를 일방적으로 통지하는 것만이 아닙니다. 피드백의 후반은 '성장의 지원'이기 때문입니다.

주의했으면 하는 점을 상사가 재정비 대책으로 일방적으로 밀어붙여서는 곤란합니다. "됐으니까 이렇게 해"라고 말해봤자 부하는 납득하지 않습니다.

"어떻게 하면 ○○하지 않고 끝낼 수 있을까?" 같은 질문을 통해 부하가 스스로 생각하도록 하는 것이 중요합니다. 그리고 최종적으로 무엇을 할지도 반드시 부하가 선택하도록 합시다. 부하는 자신이 '입 밖에 낸 것'밖에 할 수 없기 때문입니다.

'마감에 늦는 부하'를 예로 들자면, "견적이 어설프니까 안 되는 거야. 3일 전에 반드시 보고해"처럼 밀어붙이기만 할 게 아닙니다. "어떻게 하면 늦지 않고 끝낼 수 있을까?" 하는 질문을 통해 복수의 대책을 생각하게 하고, 그중에서 부하 스스로 고르게 합니다.

'되돌아보기'가 중요하다고 누누이 이야기했습니다. 과거와 현재를 확실히 되돌아본 뒤에 What?, 무엇이 좋았고 무엇이 나빴는지를 생각하게 하고 So what?, 어떻게 행동을 바꿔야 할지를 생각합니다 Now what?. 마감에 늦는 부하의 경우 'Now what?' 부분에서 '목표일로부터 역산해서 일정을 정확히 세운다', '일정에 여유를 마련한다', '스마트폰의 미리 알림 기능을 이용해 기한을 의식한다' 같은 대책이 나올 수 있습니다.

동어 반복에도 차분하게 대응한다

스스로 생각하게 했더니 부하가 뚱딴지같은 대책을 내놓을 수도 있습니다. 잦은 예가 똑같은 소리를 되풀이하는 것입니다. 가령 "어떻게 하면 마감을 지킬 수 있을까?"라는 질문에 "앞으로는 제대로 마감을 지키겠습니다"라고 대답하는 식입니다. 이런 대답은 동어 반복일 뿐입니다. 이래서는 대책이고 뭐고 이루어지질 않습니다.

하지만 일단 차분히 들어주는 것이 어른스런 대응입니다. "우선 마감이 늦어지는 행동을 분석하지 않으면 개선도 되지 않겠지?" 같은 식으로 논리적 모순을 들이대며 문제를 깊이 파고듭시다.

이렇게 되돌아보기의 마지막에 의식해두면 좋은 것이 SMART 입니다. 이는 구체성Specitic, 측정 가능성Measurable, 달성 가능성 Achievable, 현실성Realistic, 시간Time의 앞 글자를 조합한 말로 구체적인 목표 설정에 필요한 요소를 나열한 것입니다. 목표 설정 마지막 단계에서 부하가 생각한 재정비 대책이 이 요소를 만족하는지 확인해보면 좋습니다.

포인트

- 절대로 개선책을 밀어붙이지 않는다.
- "어떻게 하면 ○○하지 않고 끝낼 수 있을까?"라고 질문하고 생각하게 만든다.
- 마지막에는 스스로 선택하게 한다.
- 똥딴지같은 개선책이 나오더라도 끝까지 함께한다.
- 'SMART'로 구체적인 목표 설정인지 확인한다.

되돌아보기의 마지막은 SMART

- '해보겠습니다!'는 위험한 말이다.

해보겠습니다!

문제없습니다!

부하

아무것도 남지 않을
가능성이 크다.

- 구체적인 목표 설정의 표어 'SMART'

S : Specific(구체성) — 목표는 구체적인가?

M : Measurable(측정 가능성) — 숫자로 나타낼 수 있는가?

A : Achievable(달성 가능성) — 달성 가능한 목표인가?

R : Realistic(현실성) — 현실적인가?

T : Time(시간) — 기한 내에 가능한가?

관용구와 대화로 배우는 피드백의 포인트

나쁜 피드백 😟

그래도 잘하고 있다고
생각하네

지적을 한 후에 쓸데없이 칭찬하지 않는다

모진 피드백을 하고 나서 우울해진 부하를 보면 죄책감이 들기도 합니다. 그렇다고 얼렁뚱땅 부하를 칭찬하는 것은 금물입니다. 여러 폐해가 있기 때문입니다.

엄한 지적은 잊고 칭찬받은 것만 기억한다

피드백을 할 때 주의할 점은 모처럼 지적한 부분을 '상쇄'할 만한 말을 하지 않는 것입니다. 가장 하기 쉬운 실수가 엄한 지적을 한 직후 서먹서먹한 분위기를 얼버무리기 위해 상대를 칭찬하는 것입니다. 예를 들어 거래처에 큰 폐를 끼친 부하에게 "그래도 인간적으로는 자네에게도 좋은 점이 있어"라고 칭찬하는 식입니다. 모진 소리를 해서 상대가 풀 죽어 있으면 기운을 북돋고 싶어지는 마음도 이해는 합니다. 그렇게 해서 성공하는 때도 있겠죠.

하지만 피드백의 현실을 고려하면 '생각지 못한 폐해' 역시 일어나기 쉽습니다. 부하가 긍정적인 이야기에만 초점을 맞추면, 겨우 모질게 지적한 나머지 이야기의 효과가 희미해집니다. 특히 뭐든 자기 좋을 대로 받아들이는 사람은 이런 위로를 받으면 앞선 피드백의 내용을 완전히 잊어버릴 수 있습니다.

많은 관리자가 부정적 피드백의 힘은 인정하지만, 말로 꺼내기 힘들다는 이유로 긍정적 피드백을 끼워 넣거나 부정적 피드백을 한 뒤에 긍정적 피드백을 하곤 합니다. 하지만 부하 입장에서 피드백의 총량을 생각해볼까요? 다음 그림을 보면, 긍정적 피드백을 세 번(+3) 한 뒤에 부정적 피드백을 한 번(-1) 했습니다. 그러면 결과적으로 '+2'가 됩니다. 관리자는 그 한 번의 부정적 피드백을 전할 의도였겠지만, 부하 입장에서는 결과적으로 긍정적 피드백 '+2'가 남게 됩니다.

또 그 아래 사례를 보면, 부정적 피드백을 한 번(-1) 한 뒤 서먹한 분위기를 얼버무리기 위해 긍정적 피드백을 네 번(+4) 했습니다. 그러면 결국 긍정적 피드백 '+3'만 남습니다.

이처럼 부정적 피드백과 함께 잘되라는 마음으로 한 긍정적 사후 지원이 피드백 자체의 효과를 감소시키는 일이 종종 일어납니다. 이는 제가 피드백을 한 쪽과 받은 쪽 모두에게서 이야기를 들

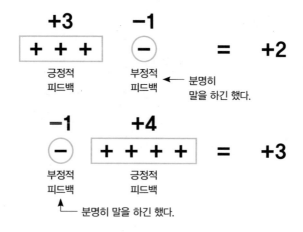

칭찬하는 피드백은 특히 주의해야 한다

● 긍정적 피드백이 좋은가, 부정적 피드백이 좋은가?

» 연구 결과도 가지각색. 상황마다 다르다.

● 단, 칭찬할 때는 주의가 필요하다.

+3 **−1**

$+$ $+$ $+$ $-$ $=$ **+2**

긍정적   부정적 ← 분명히
피드백   피드백   말을 하긴 했다.

−1   **+4**

$-$ $+$ $+$ $+$ $+$ $=$ **+3**

부정적   긍정적
피드백   피드백

↑─ 분명히 말을 하긴 했다.

» 이렇게 되면 부하는 칭찬받은 것밖에
기억하지 못할 수 있다.

어보고 발견한 점입니다.

사실 위로하는 피드백은 속이 뻔히 들여다보입니다. 부하도 바보는 아니기에 억지로 갖다 붙인 칭찬을 들으면 '속 보이는 위로는 하지 말아줘'라고 생각할 것입니다. 위로하겠다고 얼렁뚱땅 불필요하게 칭찬하는 행위는 백해무익합니다.

피드백은 '거울처럼 담담하게 사실을 전하는 것'이 정답입니다. 피드백을 귀담아듣고 문제행동을 개선했다면 크게 칭찬해도 좋습니다. 하지만 아직 아무것도 개선된 게 없는 피드백 직후에는 쓸데없이 칭찬하지 않도록 주의합시다.

포인트

• 부하가 침울해졌다고 해서 칭찬해봤자 위로가 되지 않는다.

잠시 자리를 옮길까?

교착 상태에 빠지면 환경을 바꾸는 것도 하나의 방법

피드백 중 대화가 교착 상태에 빠졌을 때 더 이상 이야기해도 무의미하다고 느껴지면 과감히 다른 날로 다시 약속을 잡거나 장소를 바꾸면 이야기가 잘 풀리기도 합니다.

다른 날로 잡으면 부하도 냉정함을 되찾는다

피드백을 하다 보면 부하가 아무 말도 꺼내지 못하게 되거나, 같은 말만 되풀이해 물러나지 않을 수 없거나, 한없이 울기만 하는 등 교착 상태에 빠지는 때가 있습니다. 이런 상태를 언코처블 uncoachable(재정비 불능 상태)라고 부릅니다. 관리자가 '이런 상태에서는 유익한 대화가 어렵겠군'이라고 느끼는 순간은 많습니다.

부하가 그런 상태에 빠졌을 때는 대화를 계속해봤자 허사입니다. 이미 패닉 상태에 빠져 있기에 상사의 말을 받아들이는 게 불

교착 상태에 빠진 피드백에서 벗어나는 법

다른 날에 다시 하지!

잠시 자리를 옮겨볼까?

상사

상사

다른 날에 한다.

장소를 바꾼다.

≫ 환경을 바꾸는 것도 하나의 방법

가능하기 때문입니다.

그런 날은 일단락 짓고 다른 날에 다시 면담하는 편이 좋습니다. 그러면 과열되었던 부하도 냉정함을 되찾기 때문에 피드백을 받아들이기 쉬워집니다.

장소를 바꾸는 것만으로 기분이 달라지기도 한다

면담을 다시 할 만큼 시간이 없다면 장소를 바꾸는 것도 하나의 방법입니다. 밖으로 나가지 못한다면 회의실을 바꾸는 것도 괜찮습니다. 그렇게 시간이나 공간을 바꾸면 서로 기분이 일신되어 건설적인 논의가 가능해집니다.

부하도 결코 아무 생각이 없는 게 아니므로 시간을 주면 진정하고 객관적으로 다시 생각할 수 있게 됩니다. 시간과 공간을 바꾸는 작은 행위를 통해 자신이 놓인 상황에 나름대로 긍정적인 의미를 부여하고, 현재 상황을 받아들일 수 있게 됩니다.

이처럼 상대에게 먹히는 피드백을 하려면 환경을 바꾸는 것도 중요합니다.

포인트
- 교착 상태에 빠졌을 때 과감히 다른 날로 면담을 잡으면 상대가 냉정함을 되찾을 것이다.
- 시간이 없다면 장소를 바꾸는 것만으로도 좋다.

○○했을 때 ××한 행동의 △△한 면이 좋았다고 생각하네

긍정적 피드백도 객관적으로 전하자

주로 부하의 문제점을 지적하는 것을 이야기했는데, 부하를 칭찬하는 일 역시 중요합니다. 칭찬하는 데 서툰 사람이 많지만 '칭찬할 가치가 있는 사실을 객관적으로 말하는 것' 정도는 누구라도 할 수 있습니다.

"요즘 의욕적이네" 같은 말로는 칭찬한 의미가 없다

'피드백'이라고 하면 쓴소리를 전하여 재정비를 하는 '부정적 피드백'만 조명되곤 합니다. 하지만 '긍정적 피드백'도 필요합니다. 부하의 좋은 행동을 지적하고 칭찬하는 일도 피드백입니다.

"요즘 의욕적이네"라든가 "최근 아주 주체적이야"처럼 대충 나오는 대로 칭찬하는 사람이 있습니다. 하지만 그런 구체적이지 못한 칭찬은 들어도 기쁘지 않을뿐더러 앞으로의 행동에 지침이 되

올바른 긍정적 피드백도 SBI에서 나온다

S = ~한 때의
B = ~한 행동이
I = ~라는 점에서
　　좋았네!

감사합니다!

포인트는 그거였구나!
다음에도 그 부분에
신경 쓰자!

상사

부하

지도 못합니다.

　어떤 행동이 어떻게 좋았는지 구체적으로 칭찬합시다. 긍정적
피드백을 하는 방법도 부정적 피드백과 그리 다르지 않습니다.

칭찬할 때는 객관적·구체적으로 말한다

긍정적 피드백을 할 때의 요점은 부정적 피드백과 마찬가지로 사실을 근거로 객관적이면서도 구체적으로 말하는 것입니다.

예를 들면 "좀 전 기획 회의에서는 지금까지 우리 부서에 부족했던 육아 관점의 아이디어를 많이 내주었어. 앞으로도 자신의 특성을 바탕으로 의견을 내주면 모두에게 참고가 될 거야" 같은 식입니다.

즉, '어떤 상황에서Situation', '어떤 행동으로Behavior', '어떤 영향을 주었다Impact'는 점을 전해야 합니다. 그렇게 구체적으로 전하면 다음 행동으로도 이어집니다.

이처럼 긍정적 피드백을 하는 데도 SBI 정보의 수집은 매우 중요합니다. 나쁜 점뿐 아니라 좋은 점에도 관심을 두도록 합시다.

> **포인트**
> - 추상적으로 칭찬해봐야 도움이 되지 않는다. 부하의 행동을 최대한 구체적으로 칭찬하자.
> - 긍정적 피드백에서도 SBI 정보의 수집이 중요하다.

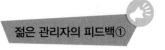

철도회사 인사부 관리자 **이케다 다이스케**(37세)

철도회사의 인사부에서 관리자로 일하고 있는 이케다 씨는 기관사 경력이 없음에도 수 많은 기관사를 부하로 고용하게 되었습니다. 기관사 경험도 없이 기관사들을 관리해야 했는데, 그는 이 경험을 통해 피드백 기술을 갈고 닦을 수 있었다고 합니다.

기관사 경험이 없는데도 기관사를 관리

현재 업무와 지금까지의 경력에 관해 간단히 말씀해주시겠습니까?

인사부에서 관리자로 일하고 있습니다. 회사에 다양한 연수 프로 그램이 있는데, 주로 신입사원이나 계층별 연수 등을 기획·실시 하는 10명 정도의 사원을 통괄합니다.

대졸 신입으로 입사한 이래 쭉 연수 일을 하셨습니까?

처음에는 역무원이나 승무원 같은 현장 제일선 업무를 3년 정도 했습니다. 그 후 몇몇 부서를 경험하고 난 뒤 기관사를 관리하는 현장에 배속되어 처음으로 관리자가 되었습니다. 부하는 모두 기관사였습니다만 사실 저는 기관사 경험이 전혀 없었습니다.

그런데도 관리자 업무를 감당할 수 있었습니까?

처음에는 곤혹스러웠지만 의외로 감당이 되더군요. 사실 저의 피드백 스타일은 그 경험을 통해 쌓을 수 있었습니다. 지금에 와서는 좋은 경험을 했다고 생각하고 있습니다.

쓴소리를 전하면서도 '상사가 나를 신뢰하고 있다'고 생각하게 만든다

피드백을 할 때 어떤 점을 명심하셨습니까?

한마디로 말하자면 '부하를 일방적으로 때려눕히지 말자'는 것입니다. 부하의 마음을 후벼 파지 않고도 그들에게 '나도 좀 문제가 있었으려나?', '고쳐볼까?'라는 생각이 조금이라도 들게 한다면 그걸로 충분하다고 생각했습니다. 반응을 숫자로 말하자면 30퍼센트 정도면 괜찮지 않을까요?

피드백은 '슨도메(寸止め)'로 해야 한다는 건가요?

왜 그런 생각을 하게 되셨습니까?

대부분 사원이 자신이 담당하는 업무의 전문성에 자신이 있었고 관리자는 해당 업무를 경험하지 못한 경우도 많았습니다. 그런데 관리자가 철저히 때려눕히려고 들면 부하가 반발하겠죠. '아무것도 모르는 주제에'라며 전혀 귀를 기울이지 않게 됩니다.

궁지에 몰리거나 도망갈 곳이 없는 사람은 반기를 든다는 건가요?

기본적으로 부하란 상사의 말을 듣지 않는 생물이라고 생각합니다. 뭐니 뭐니 해도 일단 제가 그렇기 때문에 잘 압니다(웃음). 주의를 받으면 받을수록 '그런다고 내가 바뀔 거 같으냐?', '상사가 원하는 대로 변해줄 순 없지'라며 반발하게 됩니다. 이런 생각을 반복하다 보면 '이 녀석이 하는 말은 절대로 안 듣는다'며 풀 가드 태세에 들어가 버리고 맙니다. 그렇게 되면 그 부하의 행동을 영원히 개선할 수 없게 됩니다.

　한술 더 떠서 저의 경우는 기관사 경험이 없는 인간이 기관사에게 피드백을 해야 하는 상황이었습니다. 다짜고짜 말하면 '저 녀석은 아무것도 모른다'고 할 것이 뻔했습니다.

＊ 가라테나 검도에서 대련 중 상대가 맞기 직전에 손을 멈춰 타격은 주지 않고 기량만을 겨루는 방식. ─옮긴이

그런 사태를 방지하기 위해 '슨도메 피드백'으로 대응했다는 건가요?

그렇습니다. 하지만 '슨도메'라도 말해야만 할 것은 말하지 않으면 안 됩니다. 저는 쓴소리를 확실히 전하면서도 부하가 '관리자가 어느 정도는 나를 이해하고 신뢰해주고 있구나'라는 느낌을 받고서 현장에 돌아가는 것을 목표로 삼았습니다.

상사에게 '이해받고 신뢰받고 있다'고 느끼면 부하는 안심하고 자기 실수의 이유나 사실관계를 정직하게 말하게 됩니다. 그리고 상사의 말에도 귀를 기울이기 마련입니다.

'원래대로라면 어때야 하는지'부터 시작한다

쓴소리를 전하면서도 '상사에게 이해받고 신뢰받고 있다'고 생각하도록 어떤 식으로 피드백을 하셨습니까?

우선 '부하의 이야기를 (사고방식이나 '마음'까지 포함해) 모조리 다 듣는다'는 마음가짐으로 임했습니다.

부하의 이야기를 끝까지 경청한다는 것은 머리로는 알아도 좀처럼 하기 힘든데요.

그런 다음 '자신이 본 것'으로 피드백을 합니다. 절대 다른 사람에게 보고받은 것만으로는 피드백을 하지 않습니다. 누군가의 보고가 있었다고 해도 한 번은 자신의 눈으로 일하는 현장을 본 다음에 피드백을 하고 있습니다. 현장을 보지 않고 보고만 들어서는 사실을 잘 알 수도 없고, 일이나 상황이 잘 그려지지도 않기 때문에 피드백 시에 이야기가 어긋나게 됩니다.

다만 현장을 보았다고 하더라도 전부 다 안다고 생각하는 것은 금물입니다. '부하가 무슨 생각으로 그런 행동을 취했는지'는 직접 듣지 않으면 알 수 없습니다. 설령 24시간 지켜봤다 하더라도 이야기를 듣지 않으면 그 부하를 30퍼센트 정도밖에 파악하지 못한 거라고 생각합니다.

거의 모르는 거나 마찬가지라는 말씀이시군요.

그렇습니다. 처음 기관사를 피드백할 때는 현장을 봐도 작업의 의미나 요소 등 뭐 하나 알 수 있는 게 없었는데, 부하에게 이야기를 들음으로써 비로소 이해하게 되는 경험을 몇 번이나 했습니다. 그 과정을 통해 자신이 경험한 일이라도 부하에게 이야기를 듣지 않으면 상상 이상으로 무지하다는 깨달음을 얻었습니다.

그래서 피드백이 필요한 문제행동이 있다고 해도 느닷없이 주의를 준다든가 하는 식의 덮어놓고 하는 설교는 피했습니다. 대신 부하의 주장을 반드시 듣습니다.

어떻게 이야기를 들어주십니까?

보통 뭔가 실수가 있으면 왜 그런 일이 일어났는지 원인을 들으려고 하는데, 저는 그전에 '원래대로라면 어때야 하는지'를 듣습니다. 실수한 일의 '목적이나 규칙'을 묻는 겁니다. 예컨대 기관사가 기계 조작을 잘못했다면 "이 조작은 무엇을 위해 있는 건가? 어떤 규칙에 근거하고 있나?" 등을 묻습니다.

어째서 그것부터 묻는 건가요?

'원래는 어때야 하는지'에 대한 인식을 공유하기 위해서입니다. 이것이 어긋나면 아무리 이야기해도 이야기가 맞물리지 않습니다. 예를 들어 전차의 운전 목적을 '(승객이 불쾌감이나 불안감을 느끼지 않도록) 승객을 안전·정확하게 운송하는 것'이라고 보는 사람과 '어쨌든 정시에 운행하는 것'이라고 보는 사람은 생각이 완전히 다릅니다.

부하의 입으로 굳이 말하게 하는 건 부하가 자신의 행동을 되돌아보기 쉽게 하기 위해서입니다. 목적을 자신의 입으로 말하면

'어? 목적에 어긋나 있네'라면서 스스로 깨닫기 마련입니다.

그런 다음에 실수의 원인을 묻는다는 건가요?

그렇습니다. 목적을 물을 때와 마찬가지로 원인을 물을 때도 "어째서 이렇게 된 건가?", "모르겠으니 가르쳐주게"와 같이 가벼운 느낌으로 묻습니다. 그렇게 묻는 편이 부하 입장에서도 말하기 쉽기 때문입니다.

실수의 원인을 많이 끌어낼수록 조직 전체의 노하우 축적으로 이어집니다. 이야기를 듣는 것 자체가 조직에 공헌하는 일이라고 생각합니다.

변명은 똑같이 따라 하고 받아들인다

원인을 물으면 이것저것 변명하는 부하가 많습니다.
그에 대해서는 어떻게 대처하십니까?

아무리 이상한 소리를 하더라도 바로 반론하지 않고 마지막까지 경청합니다. 예를 들어 기관사에게 실수를 지적하면 '날씨가 나빠서', '컨디션이 나빠서', '직전에 손님이 말을 걸어 산만해져서' 등등 갖가지 핑계를 댑니다. "그러니까 잠을 좀 제대로 자요", "신경을 뺏기는 일이라는 건 이미 잘 알고 있잖아. 기관사를 몇 년이나 했는데 말야"라고 그 자리에서 쏘아주고 싶지만 꾹 참습니다.

아무것도 말하지 않습니까?

부하가 한 말을 저도 똑같이 따라 하고 받아들입니다. 예를 들어 산만해졌다는 말을 들으면 "그렇지, 손님이 말을 걸어와서 신경을 빼앗겼구먼"이라고 말합니다. "나도 그렇게 생각하네", "그런 건가?" 등도 자주 말합니다. '자신의 변명을 제대로 들어주고 있다', '사실을 제대로 보려고 한다'는 인상을 주기 위해서입니다. 그러면 부하가 '관리자가 자신을 어느 정도 이해하고 신뢰해주고 있구나'라고 느끼게 됩니다. 그런 신뢰 속에서 사실을 남김없이 다 말해준다면 진짜 원인이 밝혀질 테니 적절한 피드백이 가능해집니다.

단, 전부 받아들이는 건 아니고 가끔 빡빡한 한마디도 섞습니다. "그래그래, 큰일이었겠네. 그런데 못 했잖아" 하는 식입니다. 가끔 그런 말을 섞어서 긴장감을 유지하도록 하고 있습니다. 다만 그 적당한 정도라는 게 어렵습니다. 상대를 향한 칼날은 '슨도메'로 멈춥니다.

부하도 바쁘다는 걸
고려한다

이야기를 다 들은 뒤에는 어떤 식으로 피드백하십니까?

"어떻게 하면 좋을 거라 생각해?"라고 부하에게 개선책을 묻는데, 바로 대답이 나오지 않으면 제가 "이렇게 하는 편이 낫지 않겠어?"라고 말할 때도 있습니다. 사람마다 제각각이니까요. 알아듣도록 가르치고 알아먹도록 해주지 않으면 모르는 사람도 있습니다.

그럴 때 상사는 망설일 필요가 없는 거군요.

그렇습니다. 자신을 갖고 전하는 게 정말 중요합니다. 부하가 그걸 바라는 경우가 많기 때문입니다.

요즘에는 일손이 부족해 어느 부하든 일을 잔뜩 끌어안고 있습니다. 그래서 눈앞의 일을 조금이라도 빨리 끝내고 싶다는 생각으로 가득한데 거기다 대고 "어떻게 하면 좋을 거라 생각해?"라고 묻고는 태평하게 답을 기다리면 좋아할까요? "됐으니까 빨리 가르쳐 달라고요!"라는 말이 나오는 게 당연합니다.

확실히 요즘은 그런 말을 하는 부하가 늘어나고 있는지도 모르겠군요.

부하를 키우기 위해서는 부하 스스로 답을 낼 때까지 충분히 기다리는 게 중요할지도 모릅니다. 하지만 그건 일이 한가했던 시대에나 가능한 얘기였다고 생각합니다. 잔업 삭감의 시대에 그런 방식은 더 이상 맞지 않습니다.

이에 따라 저는 개선책을 피드백할 때는 수행력에 직결되면서도 단기간에 개선 가능한 포인트를 간략하게 말하고 있습니다. '장기적으로 보면 도움이 되지만 당장의 수행력에 직결되지 않는 것'은 부하에게 말해봐야 듣지도 않습니다.

바로 실천 가능한 것을 조언하는 거군요.

목적은 성과를 올리는 겁니다. 그 목적을 위해 부하가 '깨달으면' 좋지만, 그게 어렵다면 '가르치면' 됩니다. 최단 거리를 가는 방법을 함께 생각해내는 것이 오늘날 관리자가 갖춰야 할 모습이라고 생각합니다.

지나치게 열심히 하면 자신이 무너진다

피드백을 한 뒤에 유의할 점은 무엇입니까?

혼자서만 지나치게 열심히 하지 말라는 것입니다. 아무리 작전을 짜서 피드백을 하더라도 말을 듣지 않는 부하는 반드시 있습니다. 그럴 때는 제가 직접 말하지 않고, 그 부하의 선배나 다른 부서의 관리자 등 다른 사람이 말하도록 합니다. 그러면 거짓말처럼 말을 듣기도 합니다.

인간관계에는 아무래도 상성이라는 게 있으니까요.
자신이 말할 수 없다고 해서 '졌다'고 생각할 필요는 없죠.
안타까운 부분입니다만 '무엇을 말할까'도 중요하지만 '누구에게 듣는가'도 중요합니다. 내가 말해도 어찌할 수 없는 건 다른 사람이 말하게 하면 됩니다. 그건 '지는 것'이 아닙니다. 그런 식으로 생각할 필요가 전혀 없어요. 어떤 방법이더라도 성과를 올리면 되는 거니까요.

맞습니다.
또한 손을 뗄 부분에서는 확실히 손을 떼야 합니다. 예를 들어 '제대로 피드백하기 위해서는 현장에서 일하는 모습을 지켜봐야 한다'고 했지만 온종일 같이 있을 수 있는 건 아닙니다. 최소한 필요한 시간만큼만 관찰합니다.

확실히 모든 것을 진지하게 관찰하려면 엄청난 시간이 걸리겠네요.

'부하를 키우기 위해 제대로 피드백을 하자'며 무리하다가 자신이 무너져버리면 아무것도 안 되니까요. 누구를 위해 일을 하는 걸까요? 당연히 부하를 위해서가 아니라 나 자신을 위해서입니다. 피드백을 위해 자기 몸을 축낼 필요는 없다고 생각합니다.

해설 피드백은 '쓴소리를 통지해서 상대를 변화시키기 위한 기술'이지 '상대를 궁지로 몰아넣기 위한 기술'이 아닙니다. 이케다 씨가 이야기한 것처럼 '궁지에 몰린 상대'는 변화는커녕 패닉 상태에 빠져 쓸데없는 반발을 하기 시작합니다. 이케다 씨가 '피드백은 손도메로 멈춘다'라고 이야기한 것은 이와 관련한 노하우라고 생각합니다. 대단히 흥미롭습니다.

또 아무리 내가 열심히 해도 피드백이 '먹히지 않는' 상대가 있기 마련입니다. 그런 상대가 나타나면 '다른 사람에게 말하게 하는 것'도 중요한 노하우입니다. 피드백이란 상대를 변화시켜 목적한 행동을 하게 만들 수 있다면 그것으로 오케이입니다. 피드백을 혼자 떠안지 말고 때에 따라 수많은 사람에게 열어둘 것. 정말 굉장한 노하우입니다.

제**4**장

대화로 배우는
유형별 피드백

바로 격앙되는
'적반하장' 유형

"○○씨는 어떻게 생각해?"라며 상대의 말을 듣고 되묻는다

"평소에는 아무 말 없더니 인제 와서 대체 뭡니까?", "관리자를 잘못 봤네요." 누구라도 분노의 대상이 되면 처음에는 쩔쩔매기 마련입니다. 하지만 그 분노를 기회로 바꾸는 방법이 있습니다.

어설프게 칭찬하는 것은 역효과

1장에서 다양해진 부하에 대한 대응이 피드백의 커다란 벽 중 하나라고 했습니다. 이와 관련해 이번 장에서는 실제 대화 사례를 통해 부하의 유형별로 해서는 안 되는 피드백은 무엇인지, 실제 어떤 식으로 피드백을 해야 하는지 배워보도록 하겠습니다.

피드백 중 가장 흔한 문제는 '부하가 폭발하는 것'입니다. 정도는 천차만별이지만 많은 패턴이 여기에 해당합니다. "과장님은 아

무엇도 모릅니다!", "그건 과장님의 문제 인식이 틀렸습니다"라며 피드백 내용을 물고 늘어지는 사태가 자주 발생합니다. 이럴 때 어떻게 대처하시나요?

부하를 어르고 달래서 진정시킨다는 답변이 가장 많을 것입니다. 아마도 "자네가 분발하고 있다는 건 잘 알고 있네"라고 위로를 하거나 "확실히 자네의 이런 면은 장점이지"라고 칭찬을 하겠죠.

그러나 유감스럽게도 이 방법은 역효과가 나기 십상입니다. 부하도 그렇게 단순하지는 않기에 위로나 칭찬을 받았다고 쉽사리 화가 진정되지 않습니다. 오히려 '속이 뻔히 들여다보인다'며 더 크게 화를 내기도 합니다. 또 '나를 무서워하고 있잖아'라며 상사를 얕보기도 합니다. 게다가 쓸데없이 칭찬을 하면 모처럼 전달한 부정적 피드백의 효과를 감소시킬 가능성도 있습니다. 어느 쪽이 됐든 상사의 말을 더 이상 경청하지 않게 되겠죠.

또 "나는 그렇게 생각하지 않지만 인사부(또는 상사의 상사)에서 그렇게 말하니 어쩔 수 없네"라며 남 탓을 하는 것 역시 잘못된 대응입니다. 남 탓을 하면 부하가 '책임을 회피하다니 비겁한 인간이잖아'라고 생각할 가능성이 큽니다. 한번 그렇게 생각하면 상사에 대한 신뢰감이 사라집니다. 아울러 다른 일에서도 상사에게 '책임을 회피하려는 거 아냐?'라는 생각을 품기 쉽습니다. 이후의 일에까지 악영향이 계속되는 셈입니다.

그렇게 말씀하시다니 섭섭합니다! 저는 틀리지 않았다고요!

부하

상사

(벌벌 떨며) 자, 자, 그렇게 화내지 말라고.

화내지 말라니요? 화나는 게 당연하죠!

뭐, 하지만 자네가 분발하고 있다는 건 알고 있어.

하아… (진짜 그렇게 생각하긴 하는 건가? 내가 화났으니까 그렇게 말하는 거 아냐?)

그래도 자네의 이런 점은 개선하는 편이 낫다고 생각하네.

하아… 대체 무슨 말입니까? 그러니까 저는 잘못한 게 없다고 말했잖습니까? 아무것도 모르는 건 당신이라고요! (상사는 내 기분 따위 전혀 몰라. 나는 잘못한 거 없어.)

뭐야, 그런 말투는!

[해설] 적반하장으로 나올 때 어중간한 위로는 역효과만 일으킨다.

다소 거친 의견이더라도 끝까지 경청한다

그렇다면 어떻게 해야 부하의 화를 가라앉히고 상사의 이야기를 받아들여 성장하게 할 수 있을까요?

제가 추천하는 방법은 부하의 생각은 어떤지 전부 경청하는 것입니다. 예컨대 "그렇게 화를 낸다는 건 '이렇게 하는 편이 낫다'고 생각하는 바가 확실하게 있다는 거겠지? 그 생각을 들려주지 않겠나?"와 같이 말하는 것입니다. 구체적으로 '왜 화를 내는지' 그 이유와 '어떻게 하면 좋을까' 하는 개선책에 귀 기울이도록 합시다.

이때는 다소 거친 의견이더라도 끝까지 경청해야 합니다. 그러면 부하는 자신이 하고 싶었던 말을 다 할 수 있어 속이 시원해지고 화도 가라앉게 됩니다.

갑자기 부하가 폭발하면 상사도 깜짝 놀라 머릿속이 새하얘집니다. 그럴 때의 대책으로 유체이탈법이 있습니다. 마치 위에서 내려다보는 것처럼 거리를 두고 자신의 감정을 객관적으로 바라보는 것입니다. 미친 듯 날뛰는 부하의 말 때문에 뒤숭숭해진 마음과 혼들리는 감정을 내려다봅니다. 그 감정을 객관적으로 바라보며 부하의 돌발적인 분노에 즉각적인 분노로 맞대응하지 않도록 자신의 마음을 컨트롤합니다.

이런 경우 무리하게 말하려 하지 말고, 그냥 부하가 떠들도록 놔두는 편이 좋습니다. 말하고 싶은 걸 모조리 토해내고 나면 화났던 부하도 진정하기 마련입니다.

유체이탈법: 위에서 상황을 내려다본다!

≫ 자신의 상황을 객관적으로 바라보고 이후의 돌파구를 찾는다.

부하의 주장을 반복한 후 반박한다

경청으로 부하의 화를 가라앉혔다면 이번에는 상사가 주장할 차
례입니다. 이때의 포인트는 "○○ 씨는 ××라고 생각하고 있군"이라고

부하의 주장을 되풀이해 말하는 것입니다. 그런 다음에 "하지만 이 부분은 모순이 좀 있지 않나", "~에는 위화감이 느껴지는데"라고 지적합니다.

이렇게 상사가 자신의 말을 되풀이하면 부하는 '상사가 내 생각을 존중해주고 있다'며 자존심을 챙길 수 있습니다. 그러면 뒤이은 상사의 말에 귀를 기울이기 쉬워집니다.

부하의 말이 거친 의견으로 점철되어 있더라도 "○○ 씨는 모처럼 굳은 마음을 먹었으니 그걸 성과로 연결할 수 있다면 좋지 않을까?"라고 개선을 촉구하는 말을 건네는 편이 성숙한 대응입니다. 그렇게 하면 부하도 적극적인 마음으로 함께 개선책을 생각해볼 것입니다.

이상한 위로를 건네는 대신 침묵하고 기다린다

부하가 격앙되어 자기 생각을 쏟아낸다면 다행입니다. 자신의 감정이나 생각을 '밖'으로 분출하면 분출할수록 사물을 보는 관점이나 사고방식의 편향이 드러나기 때문입니다. 말을 하면 할수록 모순이 드러나기 마련입니다.

오히려 곤란한 쪽은 침묵하는 부하입니다. 입을 다무는 것으로 불만을 표하는 유형이죠. 부하가 이런 식으로 나오면 침묵을 못 견디고 상사가 먼저 칭찬이나 위로를 건네는 경우가 있는데, 이것이야말로 부하가 노리는 바입니다. 부하에게 유리하게 전개되면 피드백은 받아들여지지 않습니다.

만약 부하가 침묵한다면 이쪽도 입을 다물고 기다리는 게 정답입니다. '한 시간이든 두 시간이든 기다린다'는 각오를 합시다. '기다리는 것'은 관리자의 일입니다. 그렇게 진심을 보이면 끈기에서 밀린 부하는 입을 열게 되어 있습니다. 그렇게까지 기다릴 시간 여유가 없거나 상대가 도저히 들으려 하지 않을 정도로 격앙되어 있다면 과감히 다른 날을 잡는 편이 좋습니다. 새로운 기분으로 상대를 마주할 때 제대로 된 피드백을 할 수 있습니다.

이상의 사항에 유의하면 다음의 'OK 피드백 사례①'과 같이 진행할 수 있습니다.

포인트

- 적반하장으로 나온다고 해서 안이하게 칭찬하거나 위로하지 않는다.
- 상대의 말을 끝까지 경청한다.
- 상대의 주장을 되풀이한 뒤에 모순점을 지적한다.
- 상대가 침묵한다면 이쪽도 침묵한다.
- 다른 날을 잡는 것도 하나의 방법이다.

부하

그렇게 말씀하시다니 섭섭합니다! 저는 틀리지 않았다고요!

상사

틀리지 않았다고 생각하는군.

네, 틀리지 않았습니다.

그렇군. 하지만 그렇게까지 성질을 내면서 틀리지 않았다고 말하는 걸 보면 '이렇게 하는 편이 낫다'는 확신이 있다는 거겠지? 그걸 들려주지 않겠나?

네?

'틀리지 않았다'고 생각하고 있다면서.
자, 어떻게 하고 싶은지 얘기해보게.

네… 아니, 저는 말이죠… 이렇게 하는 쪽이 낫다고 생각합니다!

과연! 그렇다면 자네는 ○○라고 생각하고 있었던 셈이군.

그렇습니다. 이해해주시는 겁니까?

그렇군. ○○라는 생각은 알겠네. 해볼 만한 가치는 있다고 생각해. 다만 나로서는 ○○로는 잘 안 될 것 같고 XX도 고려할 수 있다고 보는데. 내 입장이라면 그렇게 생각하는 것도 이해할 수 있잖나?

그렇군요. 입장의 차이는 이해할 수 있습니다.

그럼 말일세. ○○라는 생각은 알겠으니까 그걸 XX와 양립해서 실현하는 방법을 이번 회의에서 제안해보게.

네, 알겠습니다.

또 하나. 의견이나 안건이 있더라도 말하지 않고 가만히 있으면 내가 알 수가 없다네. 그럼 개선책을 함께 만들 수가 없지 않나? 그 점을 의식하고 고치는 편이 자네에게도 회사에도 도움이 될 거라고 생각하네.

알겠습니다. 그 점은 고치도록 하겠습니다.

[해설] **적반하장인 부하의 주장을 제대로 들으면 건설적인 논의가 된다.**

고자세로 받아치는
'역 피드백' 유형

상사의 눈높이에선 이렇게 보인다는 것을 전한다

상사가 피드백을 하면 이때를 기다렸다는 듯 "상사인 ○○ 씨의 이런 점에도 문제가 있다"며 거꾸로 피드백을 하는 부하가 있습니다. 실력 있는 부하라면 대처하기도 곤란합니다. 과연 어떻게 대응해야 좋을까요?

"만약 자네가 상사라면 이 직장을 어떻게 바꿀 텐가?"
라고 의견을 구한다

"저는 과장님의 방식에도 문제가 있다고 생각합니다."

아래의 사례처럼 피드백 중 오히려 부하가 상사의 관리 방식을 비판하기도 합니다. 마치 상사 위에 있는 듯한 고자세로 자신을 비판하면 '자기 일은 모르는 척하고 나를 비판하겠다고?' 하는 마음에 욱할지도 모릅니다. 하지만 거기서 화를 내면 안 됩니다. 관리자는 폭발하면 지는 것입니다. 특히 요즘은 스마트폰으로 언제

상사

나는 이렇게 보고 있는데 어떻게 생각하나?

저는 과장님의 방식에도 문제가 있다고 생각합니다.

부하

… (음? 자기 일은 모르는 척 넘기고 나를 비판해?!)

과장님은 팀을 제대로 못 보고, 상황을 전혀 파악하지 못하고 계십니다. 이번 건도 실은 이런저런 사정이 있어서 이렇게 된 겁니다! 여기까지 파악하고 계셨습니까?

그, 그건 미안하네. 나도 그 점은 개선하지…

알겠습니다. 저도 과장님께서 말씀하신 건 지당하다고 생각하기에 개선하도록 진력을 다하겠습니다. 그럼 이만 실례하겠습니다.

… (어라? 오늘은 내가 피드백하는 거 아니었나?)

[해설] 부하에게 주도권을 장악당하지 않도록 주의한다.

녹음할지 모르는 시대입니다. 그런 시대에 '폭발'은 백해무익합니다.

적반하장 유형의 부하와 마찬가지로 이때에도 우선 상대의 말을 '경청하는 것'이 중요합니다. 상대에게 계속 말을 시키면 '모순'

이나 '파고들 구석'이 반드시 생깁니다. 이 유형에게 추천하는 방식은 "만약 자네가 내 자리에 있다면 이 직장을 어떻게 바꾸고 싶나?"라고 가정법적 질문을 던지는 것입니다.

대개는 "만약 당신이 ○○라면 어떻게 생각하나?"와 같은 가정법적 질문이 나오리라곤 상상도 못 합니다. 그래서 누구라도 이런 가정법적 질문에는 약하기 마련입니다. 만약 입장이나 관점을 바꾸고 싶다면 가정법적 질문으로 사태를 극복할 수 있습니다.

그리고 '이렇게 바꾸겠다'는 부하의 의견을 들어보면 모순이 많습니다. 그 모순을 지적하면 부하는 입을 다물게 되어 있습니다. 때때로 부하의 의견이 일리 있는 경우도 있는데, 그럴 때는 "확실히 그건 일리가 있네"라고 인정해줍시다. 그 아이디어가 정말 좋다면 채용하는 것이 더욱 좋겠죠. 중요한 건 체면이 아니라 성과를 내는 것입니다. '그것으로 성과가 나오는가 아닌가'를 행동 원리의 중심에 놓으면 흔들리지 않을 수 있습니다.

상사의 관점을 전함으로써 시야가 좁다는 걸 깨우친다

상사 머리 위에서 고자세로 피드백하는 부하에게는 상사 입장에서의 견해를 자세히 이야기하는 것도 효과적입니다.

예컨대 부하를 어떤 팀의 리더에서 제외하기로 결정했는데, 상사의 관점에서는 그 이유를 몇 개든 늘어놓을 수 있습니다. 단순히 "성과가 오르지 않았으니까"뿐만 아니라 "A를 새로운 리더로 삼는 게 지금까지와는 다른 고객층을 개척할 수 있다고 생각했다", "자네는 B와 짝이 되는 편이 실력을 제대로 발휘할 수 있을 거라 생각했다", "C가 제자리걸음이라 리더로 승격시켜 자극을 주고 싶었다" 등을 이야기할 수 있습니다.

사실 평사원은 의외다 싶을 만큼 상사의 입장과 관점에 무지합니다. 예산이나 일정을 깡그리 무시하고 "사람을 더 채용하는 편이 낫다"며 현장 말단의 눈높이로만 제안하는 경우를 자주 봅니다. 이럴 때 상사의 관점에서 냉정하게 설명하면 '상사는 그런 식으로 생각하고 있었던 건가', '거기까진 생각 못 했는데 역시 한 수 위군'이라며 납득하고 받아들입니다.

이상의 사항에 유의하면 다음의 'OK 피드백 사례②'와 같이 진행할 수 있습니다.

철저하게 데이터로 승부한다

고자세로 피드백을 하는 부하는 '애초에 상사가 나의 문제점을 정

상사

나는 이렇게 보고 있는데 어떻게 생각하나?

저는 과장님의 방식에도 문제
가 있다고 생각합니다.

부하

나에게도 문제가 있다는 말이지. 어떤 점이 문제인가?

과장님은 팀을 제대로 못 보고, 상황을 전혀 파악
하지 못하고 계십니다. 이번 건도 실은 이런저런
사정이 있어서 이렇게 된 겁니다!

내가 팀이나 상황을 파악 못 하고 있다는 말
이로군. 그래, 그렇다면 구체적으로 내가 언
제 전혀 신경을 쓰지 않는 것으로 보였나?

요전 월요일에도 회의에 나오지 않으셨잖아요.

그 시간은 임원회의 시간이어서 거기에 있었네.
팀 회의는 그 전날 팀 리더인 B에게 맡겼고. 내
입장에서 말하자면 내가 없다고 직장이 돌아가지
않으면 곤란해. 내가 항상 자리에 있을 수 있는
게 아니니까. 리더를 성장시키는 것도 내 일이야.

그, 그거야 그렇습니다만…

자네가 상사였다면 이 직장을 어떻게 바꿀 텐가?

어… 제가 상사면… 과장님과 달리 모두에게 이
야기를 듣고 하나하나 상황을 파악할 겁니다.

자네가 내 입장이라면 모두에게 이야기를 들을 그
시간은 어떻게 만들 건가? 부하가 20명도 넘는데.

그, 그거야 그렇습니다만…

정성스런 청취는 언제나 가능한 게 아니야. 애초에 오늘 이 회의도 그런 상황을 파악할 수 있는 하나의 기회가 아닌가? 이런 시간을 나도 더 늘려나가고 싶다네.

… (입을 다문다.)

그런데 나도 노력하겠지만 자네는 현재 상황을 어떻게 생각하고 있나?

이대로는 좋지 않다고 생각하고 있습니다.

자네는 현재 상황을 어떻게 바꾸고 싶나?

[해설] **가정법적 질문으로 부하의 좁은 시야를 찌른다.**

확히 파악할 리가 없다. 그런 인간의 피드백 따위 들을 가치도 없다'라고 생각하는 경우가 많습니다.

이는 모든 유형에 적용되는 것이기도 하지만, 특히 이 유형의 부하에 관해서는 평소 행동을 관찰하고 깨달은 바를 상세히 메모해놓는 것이 중요합니다. 메모를 근거로 "지난주 이 일을 할 때 이런 걸 하고 있다고 했는데…"라는 식으로 구체적으로 지적해야 부하도 상사가 틀렸다고 말할 수 없으니까요. 철저한 데이터 승부입니다. 2장에서 이야기한 대로 정보를 수집할 때는 SBI에 유의해서

빠짐없이 수집하도록 합시다.

- "만약 자네가 상사라면 이 직장을 어떻게 바꾸겠나?"라고 가정법적 질문을 던진다.
- 부하의 의견에 일리가 있다면 "확실히 일리가 있군"이라고 인정한 뒤 "하지만 자네도 이 부분은 바뀌지 않으면 위험하다고 생각하네"라고 이야기를 되돌린다.
- 상사의 입장과 관점을 상세히 이야기한다.
- 평소 행동을 기록하고 이를 근거로 구체적으로 지적한다.

자기 좋을 대로 해석하는
'뭉뚱그리는' 유형

"그건 대체 무슨 소린가?"라고 제멋대로 뭉뚱그린
내용에 관해 되묻는다

"요지는 의욕을 가지면 된다는 거군요"라며 전체 피드백 내용을 자기 좋을 대로 뭉뚱그리는 부하가 있습니다. 문제는 그렇게 뭉뚱그린 내용이 대부분 틀리기 때문에 개선으로 이어지지 않는다는 점입니다. 이렇게 뭉뚱그리는 부하는 어떻게 대처해야 할까요?

부하는 "역시 그런 말씀이시군요!'라고 말하지만…

"역시 요지는 의욕을 가지면 된다는 거군요."
"그렇군요. 자기다움을 좀 더 전면에 내세우면 된다는 거군요."

　피드백 내용을 자기 좋은 쪽으로 해석해서 뭉뚱그리는 부하가 있습니다. 결과적으로 뭉뚱그린 내용이 맞다면 그나마 낫지만, 90퍼센트 이상은 피드백 내용 중 자기 좋은 점만 끄집어내 전체 피드백의 취지나 내용을 고의로 왜곡하거나 희석하려 듭니다. 상사가 10을 말했다면 자기 좋은 것만 추려서 1로 줄여버리는 것이죠. 다음의 'NG 피드백 사례③'과 같은 식입니다.

심한 말을 들은 정신적 쇼크를 누그러뜨리고 싶어서인지, 단순히 이해력이 모자라서인지 잘 모르겠습니다만, 자존심이 높은 사람이나 베테랑 사원에게서도 이는 심심찮게 발견되는 병입니다.

NG 피드백 사례③

 상사
이렇게 저렇게 이러저러한 부분을 고쳐줬으면 좋겠는데 어떻게 생각하나?

알겠습니다. 그러니까 좀 더 활발하게, 의욕을 가지고 일하면 된다는 거군요! 부하

 상사
(음… 좀 다른데, 어쨌든 전향적이니 됐나?)
그래, 그거야. 자네한테 기대를 걸고 있으니 잘해.

알겠습니다! 더욱 분발하겠습니다! (휴… 겨우 끝났다.)

[해설] **위화감이 느껴진다면 마지막까지 부하와 맞춰볼 필요가 있다.**

추상화된 것을 다시 구체화한다

이런 유형의 부하는 그대로 방치해두면 영원히 피드백이 먹히지 않습니다. 어떻게 하면 좋을까요?

제가 추천하는 방법은 상대가 뭉뚱그린 내용에 관해 "그 말이 구체적으로 무슨 이야기라고 생각하나?"라고 되묻는 것입니다. 예를 들어 부하가 "알겠습니다. 정리하자면 자기다움을 전면에 내세우면 된다는 거군요"라고 뭉뚱그렸다면 "그건 내가 말한 것과 약간 어긋나는지도 모르겠군. 좀 더 확실히 하고 싶은데, 자기다움을 전면에 내세운다는 게 무슨 소린가?"라고 되묻는 거죠. 그러면 부하는 이미 알았다고 말한 체면이 있으니 그 내용을 설명하지 않을 수 없습니다. 이것저것 이야기할 텐데, 설사 틀렸다 하더라도 이야기를 도중에 끊지 말고 경청합니다. 자세히 이야기를 들으면 들을수록 부하의 해석이 틀렸다는 점이 명확해집니다.

다 듣고 나면 "아니, 내가 말하고 싶은 건 그런 게 아닌데"라고 확실히 부정합니다. 그리고 다시 한번 행동을 개선할 수 있는 수준으로 구체적인 피드백을 해야 합니다. '개선해야 할 구체적인 행동'과 '개선하는 목적', '개선까지의 기한' 이 세 가지를 전하면 나중에 개선이 되었는지 안 되었는지 검증할 수 있습니다.

뭉뚱그린다는 건 말을 추상적으로 한다는 것입니다. 말을 추상적으로 한다는 건 자기 눈앞의 현실을 직시하지 않고 뭉개겠다는 것입니다. 상사는 이 상태를 다시 행동을 개선할 수 있는 수준으로 되돌려놓아 부하가 현실과 마주하도록 만들어야 합니다.

피드백한 내용을 뭉뚱그릴 때 가장 많이 쓰는 단어가 커뮤니케이션과 정보 공유입니다. "요컨대 커뮤니케이션을 좀 더 하자는 말씀이시군요"라든가 "정보 공유를 긴밀히 하자는 말씀이시군요" 같은 말은 듣기엔 좋습니다. 하지만 저는 이 두 단어가 행동 개선으로 이어진 사례를 본 적이 없습니다.

이 두 단어가 나왔을 때는 그걸로 만족할 게 아니라 구체적인 행동에 반영하도록 합시다. 예를 들어 "커뮤니케이션을 하자고 말했는데, 구체적으로 어떤 때에 어떤 식으로 상대에게 연락을 할 건가?"라든가 "정보 공유를 긴밀히 하자고 말했는데, 구체적으로 어떤 정보를 어떤 타이밍에 의논할 건가?"라고 물어보면 이야기를 한층 구체화할 수 있습니다.

직설적으로 "너 좋을 대로 해석하지 말라"고 말하는 방법도 있다

이처럼 뭉뚱그리는 유형에는 지적한 행동이 전혀 개선되지 않을 경우 문제점을 직설적으로 꼬집는 것도 하나의 방법입니다.

예컨대 "자네는 내가 지적한 내용 중 자기 좋은 부분만 쏙 빼내 이해한 것처럼 보이네", "자네는 내가 지적한 내용을 희석해서 이해하는 경향이 있네. 나는 좀 더 구체적으로 문제점을 논의하고 구체적으로 어떻게 행동을 바꿀 것인지에 대해 이야기하고 싶네"라고 분명하게 지적하는 것입니다.

이런 경우에는 '나는 당신이 도망치려는 것을 간파하고 있다'는 사실을 보여줘야만 합니다. 이 유형은 시간이 아무리 지나도 뺀질뺀질 도망쳐 다니는 경우가 많으니까요. 일시적으로는 말다툼이 될 수도 있겠지만 충돌을 두려워하지 마세요. 방치해두면 나중에 바꾸려고 할 때 더 큰 일이 되어버립니다.

이상의 사항에 유의하여 앞의 사례를 재검토하면 다음의 'OK 피드백 사례③'과 같이 진행할 수 있습니다.

> **포인트**
>
> - 상대가 뭉뚱그린 내용에 관해 어떤 의미인지 물어본다.
> - 상대의 해석을 경청한 뒤에 "아니, 내가 말하고자 하는 건 그게 아니야"라고 확실히 부정한다.
> - 상대가 계속 도망치는 것 같으면 뚝심 있게 몇 번이고 피드백한다.
> - '커뮤니케이션', '정보 공유'라는 단어에 각별히 주의한다.
> - "당신은 내가 지적한 내용을 자기 좋을 대로 이해하고 있는 듯 보인다"라고 직설적으로 대응한다.
> - 말다툼이 일어나는 것도 각오한다.

상사

이렇게 저렇게 이러저러한 부분을 고쳐줬으면 좋겠는데 어떻게 생각하나?

알겠습니다. 그러니까 좀 더 활발하게, 의욕을 가지고 일하면 된다는 거군요!

부하

아니, 저기 '의욕을 가지고 일한다'라는 말은 구체적으로 어떤 식으로 하겠다는 건가?

저는 인사 같은 걸 제대로 한다든가, 알아서 척척 '5분 전 행동'*을 한다든가 그런 걸로 알아들었습니다만…

음, 내가 말한 건 좀 다르다네. 내 말은 '부서 인원 간에 제대로 의사소통을 했으면 좋겠다'는 걸세. 그러기 위해 자네부터 적극적으로 부서 사람들에게 질문을 하거나 의견을 묻거나 했으면 좋겠다는 거지.

알겠습니다. 제가 해야 할 일은 '부서 내에서 나 자신부터 질문하거나 의견을 묻거나 한다'라는 거군요?

맞네. 그리고 나는 이번 건을 '할 수 있는 만큼 했으면 좋겠다'는 노력 목표가 아니라 '절대로 했으면 좋겠다'는 필수 달성 목표로 생각하고 있어. 그러기 위해 뭐든지 힘을 빌려줄 테니 무슨 일이 있거든 말해주게.

알겠습니다.

[해설] 납득 가는 대답이 나올 때까지 딱 잘라 부정한다.

* 일이나 학습에 임할 때 5분 전까지는 그 장소에 도착해 심신의 준비를 마쳐야 한다는 일본 사회의 슬로건. —옮긴이

무슨 말을 해도 괜찮다고만
답하는 '긍정으로 도망치는' 유형

"괜찮나?"라고 묻지 말고 열린 질문으로 묻는다

일이 돌아가는 상황을 물으면 전혀 괜찮지 않으면서도 "괜찮습니다"라고 대답하는 부하는 일에 있어 큰 화재로 번질 수 있는 불씨입니다. 이 유형에게는 어떤 식으로 질문해야 피드백이 가능할까요?

문제는 당신의 "괜찮나?"에 있다

보고·연락·상담*은 없지만 뭔가 문제를 안고 있는 것 같은 분위기다. 그런 부하에게 한마디 건넸는데 "감사합니다! 하지만 괜찮습니다!"라는 대답이 돌아왔다. 그런데 나중에 전혀 괜찮지 않은 것으로 드러나고 되돌릴 수도 없는 지경에 이르러버렸다…. 다음의 'NG 피드백 사례④'와 같은 경험을 해본 관리자가 많지 않을까

---

* 일본 기업에 취직한 회사원들이 가장 먼저 배우는 기본자세로, 이 세 가지를 생활화하라고 요구받는다. ─ 옮긴이

상사

지금 진행하고 있는 A사의 프로젝트 말인데
진척이 늦어지고 있는 듯 보이는데 어떤가?

그렇긴 한데 아주 약간입니다.

부하

지금부터 일정을 앞당겨서 손을 써두지
않으면 못 맞출 것 같은데, 괜찮겠나?

괜찮습니다.

진짜 괜찮단 말이지?

진짜 괜찮습니다.

그렇다면 다행이지만.

뭐, 어떻게든 되겠죠. 지금까
지도 어떻게든 됐으니까요.

그런가… 뭐, 그럼 맡기겠네. (괜찮으려나?)

[해설] "괜찮나?"라고 물으면 유익한 정보가 나오지 않는다.

싫습니다.

젊은이뿐 아니라 베테랑들도 괜찮지 않은데 "괜찮습니다!"라고
말하는 경우가 많습니다. 상사로서는 굉장히 곤란한 대답이죠. 왜
괜찮지 않은데 괜찮다고 말하는 걸까요? 정말 상황 파악을 못 해

괜찮다고 생각하는 사례도 있을지 모르겠습니다만, 대부분의 경우 상사의 말에 문제가 있다고 봅니다.

그 문제의 말은 "괜찮나?"입니다. 부하에게 일이 돌아가는 상황을 확인할 때 무의식적으로 "괜찮나?"라고 묻는 상사가 적지 않습니다. 그러나 부하 입장에서 생각해보면, 상사가 "괜찮나?"라고 물어봤는데 "괜찮지 않습니다"라고 대답하기는 굉장히 어렵습니다. 그랬다가는 "괜찮지 않다면 미리미리 상담하러 올 것이지!", "괜찮지 않다는 걸 알면서도 지금까지 대체 뭘 한 건가?" 같은 호통이 날아올 것만 같으니 결국 부하에게는 "괜찮습니다"란 선택지밖에 남지 않습니다. 결국 상사가 "괜찮나?"라고 묻기 때문에 괜찮지 않은 상황을 오히려 더 심각하게 만드는 셈입니다.

괜찮냐는 말은 카운슬링에서도 금기시되다시피 하는 말입니다. 애초에 괜찮다면 카운슬링 하러 오지도 않았을 것이기 때문입니다. 그런 사람에게 괜찮냐고 물으면 고민을 말하기 어려워집니다.

현재 상황을 열린 질문으로 묻는다

부하가 담당하는 일이 큰불로 번지기 전에 피드백하기 위해서는 부하로부터 "괜찮습니다"라는 말 대신 진짜 상황을 보고받아야만 합니다.

그러기 위해 "괜찮나?"라고 묻는 것부터 그만둡시다. 그 대신 '열린 질문'을 하는 것이 중요합니다. 열린 질문이란 '예·아니오'처럼 단순한 답이 불가능한 질문을 말합니다. 예컨대 "일하는 데 뭔가 어려운 점이 있나?", "일하는 데 지금 의논해둬야 할 게 있나?" 같은 질문 방식입니다.

혹은 "○○ 건 말인데, 지금 어떤 상황인가?"라고 직설적으로 물어봅시다. 그러면 그저 "괜찮나?"라고 물었을 때보다 부하도 정직하게 상황을 이야기하기가 쉬워집니다.

왜 괜찮다고 생각하는지 추궁해본다

이처럼 열린 질문으로 물어봐도 "괜찮습니다"라고 답할 때는 한 발 더 나아가 "무엇이 어떤 상태에 있길래 괜찮다는 건가?"라고 물어봅시다.

구체적인 상황을 몇 개 거론해보라고 하면 모순점이 반드시 나옵니다. 애초에 구체적인 이유가 나오지 않을 가능성이 크지만요. 그 모순을 찌른다면 상사의 말을 경청할 수밖에 없습니다.

이는 부하가 "뭐, 어떻게든 됩니다" 같은 근거 없는 긍정적 대답을 할 때도 똑같이 쓸 수 있습니다. '어떻게든 된다'는 말에 "구체적으로는 어떤 상황인가? 뭐가 어떻게 될 거 같다는 건가?"라고 물으면 부하는 답하지 않을 수 없습니다.

부하에게 듣는 여러 말에서 모순점을 찾아 반론으로 연결하는 것이 피드백의 철칙입니다. 그 사이에 상사는 상대가 전하는 갖가지 정보를 냉철하게 판단하고 논리적으로 분석해야 합니다.

이상의 사항에 유의하여 앞의 사례를 재검토하면 다음의 'OK 피드백 사례④'와 같이 진행할 수 있습니다.

포인트

- 부하에게 "괜찮나?"라고 묻지 않는다.
- 열린 질문으로 묻는다.
- 괜찮다고 판단하는 구체적인 상황이나 이유를 꼽아보라고 한다.
- 이야기를 듣는 중에 모순점을 찾아낸다.

상사

지금 진행하고 있는 A사의 프로젝트 말인데
진척이 늦어지고 있는 듯 보이는데 어떤가?

그렇긴 한데 아주 약간입니다.

부하

지금부터 일정을 앞당겨서 손을 써두지 않으면 못 맞
출 것 같은데, 지금 어떤 상황인가? 자세히 말해보게.

어, 지금은 잠시 이 공정을 하고 있는
중입니다. 조금만 더하면 다음 공정으
로 이동할 수 있으리라 생각됩니다.

그렇다면 구체적으로 며칠 정도 늦어진 셈이지?

에… 일주일 정도입니다.

꽤 늦어졌군. 지연을 어떻게 만회할 셈인가?

음… 뭐, 야근 좀 하면… (횡설수설)

야근으로 어떻게 하겠다는 건
좀 무리가 있어 보이는데.

그렇습니다.

지금 같이 대책을 세워보지.

아, 네. 알겠습니다.

[해설] '어느 정도', '어떤 식으로'라고 부하가 구체적으로
대답하지 않을 수 없는 질문을 던진다.

대화로 배우는 유형별 피드백

틈만 나면 다른 화제로
바꿔치기하는 '현실 도피' 유형

바꿔치기에 속지 말고 몇 번이고 뚝심 있게 원래대로 되돌린다

기특하게도 피드백에 귀를 기울이나 싶더니 어느 사이엔가 "죄송합니다. 그런데 그건 그렇고…"라며 은근슬쩍 다른 화제로 바꿔치기하는 부하. 곧바로 자신의 결점을 인정함으로써 즉각 거기에서 달아나려고 합니다. 이는 베테랑 사원이 흔히 쓰는 수법입니다. 이런 유형에는 어떤 피드백이 먹힐까요?

부하의 말 가운데 '연계해서·관련해서'에 주의한다

산전수전 다 겪어 피드백을 받는 데 익숙한 부하 중에는 제대로 듣고 있는 척하다가 "죄송합니다. 그건 그렇고…"라는 말로 은근슬쩍 화제를 바꿔치기하는 사람이 있습니다. 딱 다음의 'NG 피드백 사례⑤'와 같은 식입니다.

다른 화제로 바꿔치기한다는 것은 '자신이 책망받는 상황에서 빨리 달아나고 싶다'는 생각이 있기 때문입니다. 우선은 즉각 '결

상사

A사 건 말인데, 또 납기 기한을 맞추지 못했나 보던데.

그렇습니다. 공장에 약간 트러블이 있어서…
부하

공장에도 잘못이 있긴 하겠지만 자네 쪽
에서도 뭔가 막을 방법이 없었던 건가?

면목이 없습니다.

애초에 일정 견적을 잘못 냈다든가.

그러네요. 죄송합니다. 그건 그렇고 과
장님. 그 건에 연계된 얘깁니다만…

응, 뭔가?

B사 건으로 상담하고 싶은 게 있습니다. 지금
B사로부터 이런 요청이 들어왔는데요…

흠… (아직 A사 이야기가 끝나지도 않았는데 말이야…)

[해설] '그건 그렇고', '그러고 보니'라는 관용구에 각별히 주의해야 한다.

점'을 사죄하고, 그런 다음 바로 화제를 바꿉니다. 베테랑 사원일
수록 화제를 바꿔 던지는 변화구도 다양합니다.

　　"죄송합니다. 그런데 그건 그렇다 치고…"

"송구합니다. 그런데 좀 다른 이야기가 되겠습니다만…"

"거듭 반성하고 있습니다. 아, 그런데 그러고 보니…"

"사죄의 말씀을 드립니다. 그런데 그전부터 이 건과 연계해 상담하고 싶은 것이 있었습니다만…"

등등 갖은 방법으로 화제를 바꿔치기하고 맙니다. '그 건에 연계해서·관련해서' 등으로 지금까지의 화제와 이어지는 것처럼 말하지만, 실제로는 전혀 상관없는 이야기인 경우가 많습니다.

화제를 바꿔치기할 뿐이라면 그나마 낫지만, 이 유형은 예외 없이 피드백 내용을 기억하지 못합니다. 현실 도피를 하고 싶을 뿐이니 그 과제를 직시하고 있을 리가 없죠. 그러니 같은 실수를 몇 번이고 반복합니다. 이런 부하에게 덴 분이 많으실 줄 압니다.

뚝심 있게 이야기를 원래대로 되돌려 몇 번이라도 같은 소리를 한다

이런 사람에게 먹히는 피드백을 하려면 어떻게 하면 좋을까요?

우선 바꿔치기 당했다는 생각이 들면 즉시 화제를 원래대로 되돌려야 합니다. 다른 화제로 바꿔치기 당한 채 잠시라도 방치하면 이야기를 원래대로 되돌리기 힘들어지는 데다 되돌리는 것을 잊어버리게 되기도 합니다.

그런 사태를 피하려면 자신이 전하고 싶은 바를 확실하게 의식하고 있어야 합니다. 물론 그 부하가 자주 쓰는 '바꿔치기 수법'을 머리에 넣어두는 것도 중요합니다. 그러면 이야기를 바꿔치기했을 때도 "그 이야기는 나중에 하기로 하지. 다시 원래 이야기로 돌아가자면…"이라는 말로 화제를 곧바로 되돌릴 수 있습니다.

몇 번이고 화제를 바꿔치기해대는 능구렁이도 있습니다. 하지만 그때도 몇 번이고 이야기를 되돌려 몇 번이고 같은 소리를 하는 수밖에 없습니다.

화이트보드나 백지에 논리의 전개를 적어가면서 피드백하는 것도 하나의 방법입니다. 그렇게 하면 '논리'를 '바꿔치기하는 것'을 서로 의식할 수 있기 때문에 부하를 논리적으로 추궁할 수 있습니다.

이상의 사항에 유의하여 앞의 사례를 재검토하면 다음의 'OK 피드백 사례⑤'와 같이 진행할 수 있습니다.

감정 문제로 바꿔치기하더라도 동요하지 않는다

이야기를 되돌려 논리적으로 피드백을 하면 "아까부터 빡빡한 소

상사

A사 건 말인데, 또 납기 기한을 맞추지 못했나 보던데.

그렇습니다. 공장에 약간 트러블이 있어서…

부하

공장에도 잘못이 있긴 하겠지만 자네 쪽
에서도 뭔가 막을 방법이 없었던 건가?

면목이 없습니다.

애초에 일정 견적을 잘못 냈다든가.

그러네요. 죄송합니다. 그건 그렇고 과
장님, 그 건에 연계된 얘깁니다만…

응, 뭔가?

B사 건으로 상담하고 싶은 게 있습니다.

알았네. B사 건은 나중에 상담하도록 하지. 그전에 아
까 A사 문제는 어떻게 됐나? 정확하게 가르쳐주게.

아, 네. 죄송합니다.

다시 돌아가서 이야기하자면, 나는 일정 견적을 잘못 짠
게 아닌가 싶은데, 알려줄 또 다른 원인은 없는 건가?

[해설] 지금 하고 있는 피드백의 목적을 잊지 않는다.

184

리만 해대시는데 그렇게 제가 싫으십니까?"라며 감정 문제를 들먹이는 부하도 있습니다. 그러나 이것도 일종의 화제 바꿔치기입니다. 논리로 이길 수 없다고 판단한 상대가 이번에는 감정 문제로 화제를 바꿔치기하려는 것입니다. 눈물을 보이는 사람도 있으니 모쪼록 상대가 짠 판에 말려들지 않도록 조심해야 합니다.

여기서 "인간 대 인간으로서야 좋아하지만 말이지" 같은 불필요한 소리를 해버리면 말이 과장되어 걷잡을 수 없어지기도 합니다. 다른 부하들에게서 "과장님은 ○○ 씨를 마음에 들어 하신다나 봐", "나한테는 볼일이 없으면 전혀 말도 안 걸어주시는데 말이야" 같은 소리가 나오며 이야기가 점점 뒤틀려가게 되죠. 그러니 담백하게 부하가 구체적으로 개선하기를 바라는 행동에 관한 이야기로 화제를 꾸준히 되돌립시다.

포인트

- 자신이 전하려는 바를 확실히 의식한다.
- 바꿔치기 수법을 잘 기억해둔다.
- 뚝심 있게 이야기를 원래대로 되돌리고 몇 번이고 같은 소리를 한다.
- 화이트보드나 백지에 논리 전개를 적어가며 상대를 논리적으로 추궁해 '논리 바꿔치기'를 의식하게 만든다.
- 감정 문제로 바꿔치기하는 것은 상대하지 않는다. "인간 대 인간으로서야 좋아하지만 말이지"같이 불필요한 말은 하지 않는다.

책임 회피하며 변명만
늘어놓는 '변명' 유형

"무슨 대책 없나?"라고 묻고 대처법을 스스로 말하게 한다

업무상 실수나 성적 부진 같은 이야기를 하면 고객이나 동료, 경기, 상품 등 다른 무언가를 탓하는 '변명' 부하에게 먹히는 피드백을 하려면 부하 본인의 입으로 말하게 하는 일이 중요합니다.

다짜고짜 말하면 의욕이 사라진다

"고객이 말도 안 되는 요구만 했습니다."

"○○ 씨의 작업이 늦어졌기 때문에 그만큼 악영향이 있었습니다."

"○○ 씨가 이렇게 하라고 해서…"

"경쟁 상품과 비교하면 아무래도 부족하기 때문에…"

다음의 'NG 피드백 사례⑥'처럼 업무상 실수나 영업 성적 부진

상사

최근 매상이 계속 미달이군.

네, 저 나름대로 분발하고는 있습니다만…

부하

3개월 전까지는 날아다니더니 무슨 일인가?

담당자 변경이나 고객 쪽에서 불쑥 트러블을 만드는 일이 계속되어서… 분발하고는 있습니다만…

흠, 제대로 외근은 하고 있는 건가?

아, 네. 가능한 한 상담을 많이 하려고 하고 있는데요 상담이 늘어도 좀처럼 수주로는 이어지질 않아서… 역시 우리 상품에 매력이 부족한 게 아닐까요?

고객 탓, 상품 탓… 아까부터 자네는 남 탓만 하고 있지 않은가!

아니, 그래도 저는 사실을 말씀드렸을 뿐인데…

아니, 자네는 도망치고 있어! 주변 탓만 하고 있다고!

으휴… (꾸짖고 싶으면 꾸짖으라지!)

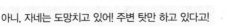

[해설] 다짜고짜 꾸짖으면 부하는 착실히 반성하려고 하지 않는다.

등을 이야기하면 미주알고주알 변명을 늘어놓는 사람이 있습니다. 피드백에 대해 빠짐없이 "아니요. 아닙니다. 아니라고 하잖아요…"라고 말대꾸하는 사람도 있습니다. '모든 것은 타인이나 환경 탓이지 내 탓이 아니다'라는 게 그들의 주장입니다.

실제로 어느 정도 그런 면이 있을 수도 있습니다. 하지만 직장인으로서 '내게도 책임이 있다'는 의식을 갖지 않으면 언제까지고 행동 개선은 기대할 수 없을 것입니다. 이런 유형은 내심 자신에게도 책임이 있음을 알면서도 그 사실을 인정하고 싶지 않아 도망쳐 다닐 뿐이니 도망칠 구석을 없애는 것이 중요합니다. 어떻게 하면 도망칠 구석을 없앨 수 있을까요?

일단은 어찌됐든 좋을 대로 변명하게 내버려둡니다. "그밖에 다른 원인이 있나?"라고 계속 질문하면 점점 더 변명을 할 테죠. 내버려두는 이유는 변명이 많아질수록 반드시 '논리의 빈틈'이 나오기 때문입니다. 거기서부터 돌파구가 열립니다.

단, 논리의 빈틈이 있다고 또 너무 몰아세우면 "네네, 죄송하게 됐습니다"라며 겉으로만 사과하고 토라질 가능성이 있습니다. 그런 사태를 막으려면 함께 해결책을 모색하는 것이 좋습니다. "구체적으로 어떤 일을 하고 있나?"라고 부하의 행동을 되돌아보게 만들고, 뒤이어 "이 점에 있어서 그래도 가능한 것이 없겠나?"라는 식으로 부하의 의견을 이끌어냅니다.

여기서 포인트는 부하가 해결책을 생각하게 하고 자기 입으로 말하게 하는 것입니다. 상사가 다짜고짜 밀어붙이면 부하는 납득하지 못하거나 의욕을 잃기 때문입니다.

앵무새처럼 되풀이하는 것만으로도 효과가 있다

변명이나 모순투성이 사실을 앵무새처럼 되풀이해서 그대로 상대에게 제시하는 것만으로도 상대는 깜짝 놀랍니다. 부하의 눈앞에 자기가 말한 모순투성이 논리를 늘어놓아 깨닫게 만드는 것입니다.

예컨대 지금 영업 실적이 오르지 않는 이유가 자사 상품의 경쟁력 탓이라는 부하에게 "팔리지 않는 건 우리 상품의 경쟁력 탓이 아니네. 세일즈 토크를 어떻게 할 건지 자기 머리로 생각하고 할 수 있는 것부터 찾도록 해"라고 피드백을 했습니다. 그러자 부하는 이렇게 변명합니다.

"저는 최선을 다해 팔고 있습니다. 하지만 손님이 응해주지 않는데 어쩌란 말입니까? 우리 상품은 경쟁력에 문제가 있습니다. 잘 파는 사원도 있긴 하지만, 제 손님에게는 먹히지 않습니다. 팔 수 없습니다."

이 대답에는 모순이 있습니다. 상품의 경쟁력에 문제가 있다면 파는 사람과 팔지 못하는 사람이 따로 있을 수가 없습니다. 이에 대해서는 "우리 상품의 경쟁력에 문제가 있다는 거로군. 그 상품을 파는 사람도 있지만 자네의 경우에는 상품을 팔지 못한다는 거고"라는 식으로 앵무새처럼 되풀이하면 됩니다. 그러면 상대는 자기모순을 깨닫게 됩니다. "상품 경쟁력에만 문제가 있는 게 아니라 제가 좀 더 주체적으로 움직여야 했는지도 모르겠네요"라고 스스로 말하는 경우도 있습니다.

상사가 앵무새처럼 되풀이하면 부하도 자신의 모순을 도중에라도 깨닫기 마련입니다. 피드백의 비결은 '거울처럼 말하기'인데 앵무새처럼 되풀이하는 것 역시 '거울처럼 말하기'의 또 다른 형태입니다.

앵무새처럼 되풀이할 때의 포인트는 '그러나', '하지만' 같은 역접 접속사를 쓰지 않는 것입니다. 그런 단어를 쓰면 상대는 '자신을 부정하려고 한다'는 생각에 휩싸여 순순히 이야기를 듣지 않으려 합니다. 일단 긍정하고 있다는 모습을 보여야 상대도 반성할 기분이 납니다.

이상의 사항에 유의하여 앞의 사례를 재검토하면 다음의 'OK 피드백 사례⑥'과 같이 진행할 수 있습니다.

상사

최근 매상이 계속 미달이군.

네, 저 나름대로 분발하고는 있습니다만…

부하

3개월 전까지는 날아다니더니 무슨 일인가?

담당자 변경이나 고객 쪽에서 불쑥 트러블을 만드는 일이 계속되어서… 분발하고는 있습니다만…

그렇군. 구체적으로 무엇을 분발하고 있나?

아, 네. 가능한 한 상담을 많이 하려고 하고 있는데요 상담이 늘어도 좀처럼 수주로는 이어지질 않아서… 역시 우리 상품에 매력이 부족한 게 아닐까요?

그렇군. 수주로 이어지지 않는 건 상품의 문제라는 거군. 3개월 전까지는 수주를 했으면서 말이야.

… (입을 다문다.)

3개월 전까지는 수주를 했다, 상품에 문제가 있다…

문제는 상품이 아닐지도 모릅니다.

손님이 원할 만한 제안이 미비했을 가능성은 없나?

어쩌면 그럴지도 모릅니다. 하지만 처음 말씀드린 것처럼 담당자 변경이나 트러블로 자료를 만들 시간이 없어서…

그래. 하지만 시간이 없으면 없는 대로 할 수 있었던 것은 없었나?

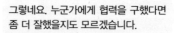 그렇네요. 누군가에게 협력을 구했다면 좀 더 잘했을지도 모르겠습니다.

 그거라면 ○○ 과장에게 쓸 수 있는 자료를 공유해달라고 하는 건 어떤가? 아니면 자네의 전임인 △△ 씨에게 물어보면 바로 포인트를 알 수 있지 않을까?

그렇네요. 확실히 그런 적극적인 행동은 하지 않았습니다.

 그렇군. 자, 이제부터 어떻게 할까? 우선 ○○ 과장에게 내가 말을 해두지. 자네는 어떻게 하겠나?

그럼 저는 △△ 씨에게 물어보러 가겠습니다.

[해설] **개선책은 최대한 부하 스스로 말하게 해야 부하 자신도 납득할 수 있다.**

방관자처럼 보인다고 지적한다

좀처럼 자신의 책임이라고 인정하지 않는 부하에게는 '방관자처럼 보인다'고 대꾸하는 것도 하나의 방법입니다.

"이건 우리 직장에서 일어난 일이니 모두가 문제를 직시해야만 하네. 자네도 그 일원이고. 방관자가 아니라 당사자로서 문제를 직시하게. 아까 자네 발언은 그야말로 방관자처럼 들리네."

이렇게 말하면 상대가 "네, 저는 방관자니까요"라고는 말하지 못합니다. 거듭 "한번 이 사태를 일으킨 원인이 자신에게도 있다고 생각해보게. 그 원인이 무엇이겠나? 자네에게 가능한 게 아무것도 없었던 건가?", "자네도 직장의 구성원이라면 무엇으로 공헌할 수 있겠나? 무엇을 되돌려줄 건가?"라고 말하면 부하도 당사자로서 문제를 직시하지 않을 수 없게 됩니다.

이 질문을 통해 '이렇게 하는 것이 가능했다'라는 발언을 끌어내면 성공입니다. 이제는 스스로 말한 대로 실행하고 있는지를 확인해서 성장으로 이어나가면 됩니다.

포인트

- 변명을 하고 싶을 때까지 하게 놔두고 논리의 빈틈을 찾는다.
- "구체적으로 어떤 걸 하고 있나?"라는 질문으로 부하에게 자신의 행동을 구체적으로 되돌아보게 만든다.
- "뭔가 할 수 있었던 게 없나?"라는 질문으로 해결책을 끌어낸다.
- 해결책은 반드시 부하 자신의 입으로 말하게 한다. 상사가 다짜고짜 말하지 않는다.
- 부하가 변명하면 상사는 앵무새처럼 그 변명을 되풀이한다. 이때 '그러나', '하지만' 같은 역접 접속사를 쓰지 않도록 주의한다.
- "자네 발언은 방관자처럼 들리는군"이라고 지적한다.

어떤 충고도 흘려듣는
'들은 체 만 체' 유형

반론할 수 없는 사실을 모아 그 사실을 근거로 피드백한다

경험이 많거나 나이가 많은 부하가 상사를 깔보고 피드백을 듣지 않는 일도 종종 일어납니다. 얕보이는 일 없이 피드백을 받아들이게 만드는 방법을 기억해둡시다.

자신이 없어도 방치해서는 안 된다

아무리 피드백을 해도 슬쩍 받아넘기거나 반론만 하고 전혀 받아들이지 않는 '들은 체 만 체' 부하 때문에 고민하는 사람이 적지 않을 것입니다. 특히 다음의 'NG 피드백 사례⑦'처럼 다른 부서에서 이동해온 실무 경험이 풍부한 부하나 연상의 부하 혹은 나이가 비슷한 부하가 잔뜩 있는 경우에는 부하가 상사를 깔보기 때문에 이런 일이 다반사입니다.

당연히 그런 부하의 반응에 폭발해서는 안 됩니다. 하지만 자

과장

오늘은 팀 목표치에 도달할 것 같지 않군요.

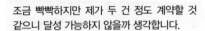

조금 빡빡하지만 제가 두 건 정도 계약할 것 같으니 달성 가능하지 않을까 생각합니다.

계장

그 말은 다른 사원들은 미달이라는 얘기로군요. 지난 3개월간 팀원들의 목표 미달이 이어지고 있는 듯한데, 구성원들이 침체에 빠져 있는 것 아닌가요? 어떻습니까?

그런가요?

팀원들에게 충고 좀 해주시는 게 낫지 않을까요?

아니요, 그럴 필요 없을 것 같은데요. 영업은 본인의 의욕 나름이니까요. 영업은 배워서 할 수 있는 게 아닙니다. 실패를 거듭하면서 스스로 깨닫지 않으면 성장하지 못합니다.

하지만…

과장님보다 제가 영업 경험이 많으니까 저한테 맡겨주시지 않겠습니까?

[해설] 문제점을 확실히 지적하지 않으면 내빼게 된다.

신이 없다고 해서 부하들에게 아첨하며 편승하려 하거나 그냥 방치해버리면 또 그것대로 얄잡히게 됩니다. 피드백할 때 흘려듣거나 반론하지 못하도록 대책을 세울 필요가 있습니다.

SBI 정보를 모아 사실에 입각해 논리적으로 지적한다

'들은 체 만 체' 부하에게 피드백을 하려면 우선 SBI 정보를 수집해야 합니다. 몇 번이나 이야기했듯이 SBI 정보란 피드백에 설득력을 주는 Situation(어떤 상황에서), Behavior(어떤 행동이), Impact(어떤 영향을 초래했는가)로 이루어진 정보입니다. 예컨대 "A 사에 납품하는 일에서(S) 납품일 확인에 태만했거나 착각하고 말았군(B). 그 결과 납품이 예정보다 3일이나 늦어져 A사 담당자를 화나게 해버렸어(I)"라고 말하는 식입니다.

이처럼 SBI 정보를 제대로 모아두면 사실을 근거로 지금의 방식이 틀렸음을 논리적으로 지적할 수 있고, 부하는 반론하기 힘들어집니다. 위의 예로 말하자면 '왜 납품일 확인을 태만히 했는가'를 추궁하면 행동 개선으로 이어지겠죠. 피드백은 '한 번의 피드백에 하나의 SBI 정보만 말하는 것'이 원칙이지만, 이 유형에 있어서는 여러 개의 SBI 정보를 모아 말하는 편이 더욱 효과적입니다.

단, 상사의 위엄을 보이고 싶다고 무조건 되풀이해서 말하면 부하도 자존심을 지키기 위해 귀를 닫아버릴 가능성이 있습니다.

그러지 않기 위해서는 문제점을 지적하는 한편, 부하를 인정하는 발언도 섞어서 해줘야 합니다. 예를 들어 "풍부한 영업 경험을 팀에 환원해주길 바란다", "○○ 씨를 의지하고 있다"라는 식으로 경험이 풍부한 부하의 자존심을 지켜주는 것입니다.

이상의 사항에 유의하여 앞의 사례를 재검토하면 다음의 'OK 피드백 사례⑦'과 같이 진행할 수 있습니다.

다른 사람에게 도움을 청한다

SBI 정보를 근거로 피드백했다 하더라도 적반하장으로 나오거나 상사를 무시하며 들은 체도 안 하는 부하도 있습니다. 그럴 때는 혼자서 어떻게 하려고 하지 말고 주위 사람들에게 도움을 청하는 방법도 있습니다. 더 위의 상사나 그 부하의 선배 등 말하면 그 부하가 받아들일 법한 사람에게 부탁해서 대신 피드백을 하는 것입니다.

실제로 138쪽에서 소개한 이케다 씨는 그런 방법을 사용했습니다. 이케다 씨는 기관사로서 훈련받은 적이 전혀 없음에도 기관사를 통솔하는 관리자 자리에 앉았습니다. 그래서 한동안 전혀 피드백을 들으려고도 하지 않는 기관사에게는 그 사람의 선배들에게 부탁해 주의를 주게 했다고 합니다.

과장

오늘은 팀 목표치에 도달할 것 같지 않군요.

조금 빡빡하지만 제가 두 건 정도 계약할 것 같으니 달성 가능하지 않을까 생각합니다.

계장

그 말은 다른 사원들은 미달이라는 얘기로군요. 지난 3개월간 팀원들의 목표 미달이 이어지고 있는 듯한데, 구성원들이 침체에 빠져 있는 것 아닌가요? 어떻습니까?

그런가요?

팀원들에게 충고 좀 해주시는 게 낫지 않을까요?

아니요, 그럴 필요 없을 것 같은데요. 영업은 본인의 의욕 나름이니까요. 영업은 배워서 할 수 있는 게 아닙니다. 실패를 거듭하면서 스스로 깨닫지 않으면 성장하지 못합니다.

(조금 강하게) 계장님, 알아봤더니 계장님 팀이 전 영업소 중에서 클레임 건수가 가장 많더군요. 그것도 연락 실수 등 기본적인 것들로 말입니다.

어, 그렇습니까?

네, 계장님 이외의 사원이 모두 목표 미달이라는 건 부하 육성이 제대로 안 되고 있다는 소리 아닙니까? 이대로라면 계장님의 평가도 떨어지는 걸 피할 수 없어요. 그러니까 목표 달성이나 클레임 건수 일도 그렇고, 좀 더 부하 육성에 힘써주시면 좋겠습니다.

으음…

그래서 말인데 월 1회라도 좋으니 계장님이 스터디를 진행하지 않으시겠습니까? 저는 계장님의 풍부한 영업 경험을 팀에 환원하고 싶습니다.

네… 알겠습니다.

[해설] 객관적인 사실을 지적하면 어떤 부하도 이야기를 듣지 않을 수 없다.

본인이 직접 피드백하지 못한다면 얕잡혀 보일 소지가 없지 않지만, 아무리 해도 피드백을 들어주지 않는다면 검토해볼 만한 방법입니다. 또한 이런 비장의 수를 쓸 수 있으려면 평소 다른 부서 사람들과도 폭넓게 교류해두는 것이 중요합니다.

> 포인트
>
> - SBI 정보를 근거로 지금의 방식이 틀렸음을 지적한다.
> - 다짜고짜 무조건 지적하지 말고 부하의 자존심을 세워주는 말도 섞는다.
> - 그 부하가 말을 들을 것 같은 사람에게 대신 전해달라고 한다.

자기 의견을 말하려 하지 않는 '보살' 유형

"○○처럼 보이는데 어떻게 생각하나?"라고 묻는다

'전혀'라고 해도 과장이 아닐 만큼 좀처럼 의견을 말하지 않는 부하. 무기력하고 의욕 없어 보여도 실제로는 자기 의견을 말하는 게 서툴 뿐인 경우도 많습니다. 피드백도 상대가 위축되지 않도록 할 수 있게 궁리해야 합니다.

의견이 없다고 꼭 의욕이 없는 건 아니다

회의 같은 자리에서 의견을 구해도 "죄송합니다", "저는 괜찮습니다", "제가 뭘 알겠습니까", "저 같은 건 아무래도 좋습니다"라며 자기 의견을 말하지 않는 '보살'같이 과묵한 부하가 직장마다 한두 명은 있습니다. 다음의 'NG 피드백 사례⑧'처럼 이 유형은 곁에서 보면 의욕이 없는 것처럼 보입니다. 그러나 정말로 의욕이 없는 경우는 그리 많지 않습니다. '분위기 파악을 못 하는 발언으로 주위로부터 백안시당하는 게 무섭다', '다른 사람들처럼 좋은 의견을

상사

아까 회의에서 왜 의견을 말하지 않았나? 뭔가 말하고 싶지 않은 이유라도 있나? 괜찮다면 가르쳐주지 않겠나?

… 아니요, 괜찮습니다.

부하

괜찮다고만 하면 얘기가 안 되잖나. 그런 자리에서는 자신의 의견을 말하지 않으면 안 된다고.

… 죄송합니다.

그런 식으로 죄송하다, 괜찮다라고만 하면 아무것도 알 수가 없어요. 자신의 의견을 이야기하지 않으면 대화가 되지를 않잖아?

… 죄송합니다.

몇 번이나 죄송하다고 해야 성이 풀리겠나! 적당히 좀 해! 자네가 그런 태도로 나오니까 다른 사람들도 자네가 아무 생각도 없고 의욕도 없다고 숙덕거리는 게 아닌가! 이제부터 회의에서는 좀 더 적극적으로 자신의 의견을 말하도록! 알겠나?!

(울기 시작한다.) 죄송합니다.

[해설] 의견을 말하지 않는 사람에게 감정적으로 혼을 내는 것은 금물이다.
더욱 위축되게 할 뿐이다.

말할 수 없어서 부끄럽다'와 같이 생각하기 때문에 의견을 물어봐도 "죄송합니다"라며 지금 이 상황이 지나가기만을 바랄 뿐입니

다. "제가 뭘 알겠습니까"라고 말하는 것은 겸손해 보일 수도 있지만, 그저 도망치는 것에 불과할 수도 있습니다.

하지만 아무리 말하는 데 서툴다고 해도 언제나 과묵하기만 해서는 함께 일하는 팀의 일원이라고 할 수 없습니다. 어떤 식으로 피드백을 하면 이야기를 하게 될까요?

일단 이 유형에게는 "말 좀 해!"라고 다짜고짜 혼내거나 감정적으로 대해서는 절대 안 됩니다. 그러면 울거나 화를 내서 사태가 악화되고 맙니다. 잘못하면 회사에 나오지 않을 가능성도 있습니다.

몰아붙이지만 말고 상대의 기분을 이끌어낸다

제가 추천하는 방법은 상사가 '거울'이 되어 부하 본인이 사람들에게 어떻게 보이는지를 객관적으로 비추는 것입니다. 그 후 재정비 기간에는 되도록 도전의 허들을 낮춰 '의견'이라기보다는 '반응' 수준의 응답부터 나오게 합니다. '스몰 스텝'보다 더 잘은 단계의 스텝을 '베이비 스텝'이라고 하는데, 이 유형에게는 의견같이 거창한 것보다 '반응하는 것부터 시작할까' 하는 마음으로 베이비 스텝 과제부터 부여하는 것도 한 방법입니다.

우선 "~한 행동을 취하면 의욕이 없는 것처럼 보이네"처럼 'OO

처럼 보인다'는 말투를 써가면서 피드백합니다. 이러한 말투는 부하를 몰아붙이는 분위기가 덜하기 때문에 부하가 자신이 주위에 어떻게 보이는지를 그대로 받아들이기 쉬워집니다.

거기에 더해 "자네는 어떻게 생각하나?"라고 부하의 감상을 물어봅니다. 그러면 부하도 "결코 의욕이 없는 게 아닙니다"라면서 의견을 말하지 않은 이유를 설명하고 싶어집니다. 이렇게 이야기가 시작되면 그다음은 부하의 주장을 제대로 들어주기만 하면 됩니다. 그러면 개선의 돌파구가 보입니다.

단, 말하는 데 서툴기 때문에 자신의 생각을 좀처럼 이야기하지 않는 경우가 많을지 모릅니다. 그럴 때 끈기 있게 시간을 들여 상대가 마음을 정리하기를 기다리는 것이 중요합니다. '한 시간이라도 두 시간이라도 기다린다'는 각오로 느긋한 자세를 가져야 합니다. 책상을 톡톡 치거나 시계를 슬쩍슬쩍 보거나 다리를 떠는 행위는 좋지 않습니다. 상사가 '냉큼 말하라'는 분위기를 조금이라도 내비치면 부하는 더욱 위축되어 말을 못 하게 됩니다.

베이비 스텝을 마련한다: 작은 것부터 시작하게 만든다

이상과 같은 대화를 통해 부하가 의견을 말하지 않았던 것을 반성

한다 해도 그 즉시 사람들 앞에서 의견을 말할 수 있게 되지는 않습니다. 장기간에 걸쳐 학습된 행동은 즉시 바뀌지 않습니다.

처음에는 조금씩 할 수 있는 말부터 시작하게 만듭시다. '찬성인가 반대인가만이라도 말한다', '한마디라도 좋으니 말한다' 같은 식입니다. 이렇게 해나가다 보면 그 부하도 서서히 발언하는 데 익숙해집니다. 상사가 그 부하의 발언을 두고 "재밌는 의견이었어"라고 칭찬하면 조금씩 자신감도 붙을 테죠. 그러면 '사실 주변 사람들도 대단한 것을 말하는 게 아니야', '대단한 의견을 말하지 못해도 상사가 알아준다'라며 마음의 여유가 생겨 점점 더 자기 의견을 말하게 됩니다.

중요한 것은 즉시 결과를 요구하지 말고 긴 안목으로 지켜보는 것입니다. 요즘은 어느 직장이라도 여유가 없으니 어려울지 모르겠습니다만, 상사에게 그런 의식이 없으면 부하는 자라지 않는다고 생각하는 편이 좋습니다.

이상의 사항에 유의하면 다음의 'OK 피드백 사례⑧'과 같이 진행할 수 있습니다.

포인트

- 주위에 어떤 식으로 보이는지를 객관적으로 전하고 "그에 대해서는 어떻게 생각하나?"라고 감상을 묻는다.
- 한 시간, 두 시간이라도 들여서 느긋하게 대화한다.
- 갑자기 큰 개선은 어렵다. 조금씩 할 수 있는 것부터 시작하게 하자.

상사

아까 회의에서 왜 의견을 말하지 않았나?

… 죄송합니다.
부하

뭔가 말하고 싶지 않은 이유라도 있나?
괜찮다면 가르쳐주지 않겠나?

… 아니요, 괜찮습니다.

죄송하다, 괜찮다고만 말하면 주위에서는 자네가 '뭘 생각하고 있는지 모르겠다', '의욕이 없다'라고 여기고 만다네. 그렇게 여기는 건 어떻게 생각하나?

어, 그런… 아무 생각이 없는 건 아닙니다.

자, 그럼 어째서 아무것도 말하지 않는 건가?

저는 다른 사람들처럼 좋은 의견을 말할 수가 없어서…

그런가. 하지만 말이지, 나는 반드시 좋은 의견만 말해야 하는 건 아니라고 생각한다네. 찬성이냐 반대냐, 자네 나름대로 느끼는 바를 말하면 되지 않겠나?

저… 그래도 괜찮은 건가요?

그것도 하나의 귀중한 의견일세. 다음 회의에서는 한마디라도 좋으니 용기를 내서 발언해보는 게 어떻겠나?

알겠습니다. 해보겠습니다.

[해설] "○○처럼 보인다네"라고 지적하면 상대의 부담이 적어진다.
서두르지 말고 작은 것부터 도전하게 하자.

과거에 매달려 바뀌지 않는
'노스탤지어' 유형

"입장상 말하지 않을 수 없다"고 운을 떼고 직설적으로 말한다

과거의 성공으로 자부심이 강하지만 지금은 시대를 따라가지 못해 계속해서 문제를 일으키는 '연상 부하'. 어떻게 하면 상사의 이야기를 듣게 만들 수 있을까요?

"입장상 이렇게 말하지 않을 수 없습니다만"이라고 말머리를 꺼낸다

연공서열의 붕괴나 역직정년, 정년퇴직자의 재고용 등으로 '연상 부하'가 늘고 있습니다. 풍부한 경험을 직장에 환원할 것으로 기대하고 있지만, 실제로는 과거의 성공에 사로잡혀 현재 직장에 적응하지 못하는 사례가 상당합니다. 다음의 'NG 피드백 사례⑨'처럼 제멋대로 판단해 다른 부하에게 민폐를 끼치기도 합니다.

무엇보다 연상 부하에게 직설적으로 쓴소리를 하면 "너 같은

상사

우리 부서로 이동해온 지 이제 곧 반
년입니다만, 어떻습니까?

조금씩 예전 감을 되찾고 있는 것 같은데.

연상 부하

영업 성적이… 조금 저조하네요.

아직 거래 상대와의 인간관계가 완성되지 않
았으니까. 뭐, 이제부터지.

그 이외에 다른 건 없습니까? 예를 들어 이번
영업 방식에 불만이나 문제가 있다거나…

그래그래. 언젠가 말하려고 했는데, 팀 영업인지
뭔지 모르겠지만 회사 안에서 컴퓨터나 두들기고
있을 짬이 있거든 좀 더 밖으로 나다녀야 하는 거
아닌가? 내가 젊었을 때만 해도… (장광설)

네… 알겠습니다. (결국 아무것도
말하지 못하고 끝나버렸다.)

[해설] 어중간하게 조언을 구하면 더욱 제멋대로 떠들기 시작한다.

애송이가 뭐가 잘났다고"라며 반발할 가능성도 있습니다. 그렇다
고 사정을 봐주어서는 안 되겠지만, 말하기 껄끄러운 관계라는 점
은 충분히 이해할 수 있습니다. 이럴 때는 "입장상 제가 이렇게 말할
수밖에 없습니다만"이라는 말로 시작하는 것이 좋습니다. 이렇게

말한다고 연상 부하가 납득할지는 모르겠지만, 적어도 '당신을 존중하지만 역할을 수행하기 위해 말하는 것이다'라는 의도를 전달할 수 있고 말해야만 하는 것을 말할 수 있게 됩니다. 일종의 주문 같은 말이죠.

바뀌지 않으면 안 된다고 확실히 말한다

존중하고 있다는 점을 표했다면 거리낌 없이 솔직하게 피드백합시다. 어설픈 겸양은 역효과입니다. 과거에 사로잡힌 연상 부하에게는 "평가의 대상이 되는 것은 과거의 당신이 아니라 지금의 당신"이라고 말하는 것이 효과적입니다. 그런 다음 "성과를 내기 위해서는 지금 필요한 기술을 새롭게 다시 배우지 않으면 안 된다", "바뀌지 않으면 안 된다"는 이야기를 해야 합니다.

이렇게 말하려면 다소 용기가 필요겠지만, 상대는 단맛 쓴맛 다 본 베테랑입니다. 예의를 갖춰 이쪽의 입장과 성의를 전하면 의외로 선선히 이야기를 들어주기도 합니다. 만약 베테랑이 '전 관리직'이라면 "○○ 씨도 관리직 입장이셨으니 제 입장을 잘 아시리라 생각합니다만"이라고 못을 박아둘 수도 있습니다.

베테랑 연상 부하가 지금까지 개선되지 않았던 것은 그저 모두가 떠받들기만 할 뿐 아무런 피드백도 하지 않았기 때문일 수도 있습니다. 그런 부하에게 진지하게 피드백을 하면 오히려 "왜 좀 더 빨리 말하지 않았나?"라고 반문하기도 합니다.

이상의 사항에 유의하면 다음의 'OK 피드백 사례⑨'와 같이 진행할 수 있습니다.

"로마에서는 로마법을 따르라"고 확실히 전한다

이전에 재직하던 동종 업계의 회사에서는 우수했던 부하가 우리 회사에서는 전혀 성과를 내지 못하고 있습니다. 이런 '중도입사 부하'에 대한 대처법도 연상 부하와 비슷합니다. 중도입사 부하가 성과를 못 내는 이유 중 하나는 회사의 문화 차이에 익숙해지지 못했기 때문입니다.

같은 업종이라도 회사에 따라 일하는 방식이 다르기 마련입니다. 같은 영업이라도 뻔질나게 고객사를 드나드는 걸 좋아하는 회사도 있지만, 스마트한 정보 제공을 좋아하는 회사도 있습니다. 이처럼 색깔이 전혀 다른 회사로 전직하더라도 사람은 좀처럼 새로운 색으로 물들지 않는 법입니다. 하지만 그렇다고 성과를 내지 못하는 채로 내버려둘 수도 없는 노릇입니다.

상사

우리 부서로 이동해온 지 이제 곧 반
년입니다만, 어떻습니까?

조금씩 예전 감을 되찾고 있는 것 같은데.

연상 부하

영업 성적이… 조금 저조하네요.

아직 거래 상대와의 인간관계가 완성되지 않
았으니까. 뭐, 이제부터지.

기존 고객까지 최선을 다해 돌보고 계신 점은
감사한 일입니다. 덕분에 연이 끊겨가던 고객들
과도 접촉을 이어갈 수 있게 되었습니다.

그렇지? 잘됐네, 잘됐어.

하지만 말이죠, 예전에 다나카 씨(연상 부하)가
돌던 A사는 이미 스즈키 군이 돌고 있습니다.

아, 그랬나. 미안미안.

그리고 B사도 이미 다카하시 군이 돌고 있고요.

으음, 그런가?

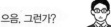

다나카 씨… 관리직이란 입장상 말
하지 않을 수 없습니다만…

뭐, 뭔가?

제 방침은 팀 영업입니다. 팀원들끼리 고객 정
보를 공유해가면서 영업하고 있습니다. 그런데
다나카 씨는 어떤 고객사를 돌고 있는지 정보를
공유하지 않고 있는 것으로 보입니다. 대부분
고객 정보를 입력하지 않으셨더군요.

내 방식이 틀렸다고 말하는 건가?

아니요, 지금까지 다나카 씨의 경험을 부정하는 건 아닙니다. 다만 이곳에는 이곳의 방식이 있습니다. 다나카 씨께서도 적어도 지금의 팀이 내린 결정은 지켜주시길 바랍니다. 방침에 따르지 않는 사람이 있으면 팀에 악영향을 끼친다는 것은 다나카 씨도 관리직이셨으니 잘 아시리라 생각합니다만…

…

과거의 경험을 살려나가면서 지금의 방식을 받아들여주실 수는 없겠습니까? 지금까지의 경험을 저희에게 환원해주시길 바랍니다.

그렇군… 뭐, 알겠네.

[해설] 연상 부하에게는 근거를 여러 개 준비해두어 설득력을 높인다.

그럴 때는 "자네의 과거는 존중하지만 그 방식만으로는 이쪽에서 더 이상 성과를 올리지 못할 것 같네. 방식을 바꿀 필요가 있다고 생각하는데, 어떤가?"라고 확실히 말해야 합니다. 지금은 더 이상 통용되지 않는 과거의 방식을 버리는 것을 언러닝(탈학습)이라고 합니다. 이런 부하에게는 제대로 언러닝을 촉구합시다.

단, 말투에는 세심한 주의를 기울여야 합니다. 거울처럼 사실을 담담하게 전한다고 해도 부하가 반발할 가능성이 큽니다. 이를

각오하고 임해야 합니다. 어른의 배움은 때때로 격한 아픔을 동반
하기 마련입니다.

포인트

- "입장상 말하지 않을 수 없습니다만"이라고 운을 뗀다.
- "평가 대상은 과거의 당신이 아닌 지금의 당신입니다"라고 확실히 전한다.
- 다른 회사에서 이직해온 사람에게도 "당신이 과거에 배운 방식은 여기서 통용되지 않는다"라며 반발을 각오하고 말한다.
- 현재 상황을 알린 뒤에 성과를 내기 위해 지금 필요한 일들을 전한다.

리스크가 두려워 도전하지 않는 '소극적' 유형

이대로라면 장래가 위험하다는 점을 전한다
단, 상대의 주장도 듣는다

성장의 기회라고 생각해 도전적인 업무를 맡겼더니 "바빠서 할 수 없습니다"라며 거절하는 부하. 이러한 유형을 성장시키려면 위기감을 부여하는 피드백이 필요합니다.

도전하지 않으면 현상 유지조차 불가능한 현실을 알린다

사람은 발돋움하고 도전을 반복함으로써 성장합니다. 부하에게 계속해서 도전할 기회를 주는 것은 상사의 중요한 역할입니다.

　그런데 다음의 'NG 피드백 사례⑩'처럼 관리직이나 새 프로젝트의 책임자 같은 책임 있는 자리에 발탁하려고 하면 완강하게 거부하는 부하가 있습니다. 출세욕도 없고 지금 이대로도 충분히 만족스럽기에 그런 일은 하고 싶지 않다는 심산입니다. 또 '제작 현

상사

이번에 전사적으로 AI를 시험 도입하려는 건 알고 있지? 그 전사적 프로젝트에 자네도 동참하지 않겠나?

네? 제가요? 가능하다면 거절하고 싶습니다만…
부하

 응?! 어째서지?

지금 일만으로도 힘에 부치는데 새로운 일은 좀…

그래도 AI를 배워둬서 손해볼 것 없잖나. 자네 담당 업무의 폭을 넓힐 기회라고 생각하네. 회사에서 신경 쓰는 프로젝트이기도 하고 말이야.

그래도 지금 일을 소홀히 하고 싶지 않은 데다 지금 일에 만족하고 있어서요. AI에 별로 흥미도 없고요. AI도 그냥 한때의 유행일 뿐이잖아요.

 하지만 말이지, 자네 지금 이대로라면 성장할 수 없다고. 새로운 일에 도전하지 않으면 말이야.

아니요, 저는 지금 이대로가 좋습니다. 새로운 일을 할 여유도 없고요. 그거라면 스즈키가 적임자 아닐까요?

 자네 좀 더 열의를 보여주지 않겠나, 열의를! 하려는 마음이 있으면 뭐가 된다고.

아니요, 저는 그런 타입이 아니라서요.

 …

[해설] "지금 이대로는 성장할 수 없다고", "좀 더 열의를 보여"라고 말하는 것만으로는 동기 부여가 되지 않는다.

장이 좋아서', '영업 현장이 좋으니까'라며 현 상황에 머물고 싶어 하는 사람도 있습니다.

그러나 이는 도전을 회피하려는 변명에 불과합니다. 이런 부하를 일어나게 하려면 어떻게 해야 할까요? 이 유형에게는 '현상 유지로는 장래가 위험하다'는 사실을 확실히 전해야 합니다. 예컨대 "지금 이대로 일을 계속한다고 해도 현상 유지가 가능할 리 없어. 게다가 이대로라면 자네의 경력은 보잘것없이 된다고"라고 말하는 식입니다.

새로운 일을 피하려고 하는 것은 지금 이대로도 자신의 지위가 튼튼하다고 생각하기 때문입니다. 그러나 세상에 그런 일은 존재하지 않습니다. 예컨대 영업의 경우 거래처 입장에서는 업무 지식이 풍부한 베테랑보다 지식이 적더라도 발걸음이 가벼운 젊은 사람을 요구하곤 합니다. 또 거래처 담당자가 젊다면 연배가 비슷한 사람을 선호하기 마련입니다. 도전을 싫어하는 부하에게는 이처럼 '지금 이대로는 실적을 유지하는 것조차 힘들어진다'는 현실을 확실히 인식시키는 것이 중요합니다. 그러기 위해서는 "이 도전을 하지 않으면 장래에 어떤 일이 벌어질까?"라는 질문을 던져 부하 스스로 생각하게 하는 것이 좋습니다. 그러면 부하도 '이대로는 안 될지도 몰라'라는 위기감을 품기 쉬워집니다.

이상의 사항을 유의하면 다음의 'OK 피드백 사례⑩'과 같이 진행할 수 있습니다.

부하가 그리는 커리어와 어긋남이 없는지 확인한다

하지만 '이대로는 안 돼'라고 설복시켜 강제로 도전하게 만든다고 다 좋은 것도 아닙니다. 본인이 납득하지 못한 채로는 새로운 일에 대한 동기 부여가 일어나지 않습니다.

여기서는 "장래 어떤 식으로 성장해나가고 싶은가?"라며 부하의 커리어 비전을 묻는 것이 중요합니다. 부하가 머릿속에 그리고 있는 미래상과 새로 맡게 된 일이 어긋난다면 '난 이런 건 하고 싶지 않은데'라는 기분에서 헤어나올 수 없습니다. 부하의 커리어 비전은 평소 목표 관리 면담 등으로 피드백 전에 파악해두어야 하지만 본인이 진심을 말하지 않는 경우도 있으므로 이 기회에 다시 한번 확인해두는 편이 좋습니다.

그리고 부하가 머릿속에 그리고 있는 커리어 비전에 새 업무가 어떤 식으로 성장의 기회를 부여하는지 설명하는 일도 중요합니다. '다른 부하와 업무를 분담한다', '외주로 돌린다' 등 새 업무를 할 수 있는 현실적인 방법을 검토하고 실제로 움직이면 부하도 선뜻 도전할 마음이 생겨날지 모릅니다.

상사

이번에 전사적으로 AI를 시험 도입하려는 건 알고 있지? 그 전사적 프로젝트에 자네도 동참하지 않겠나?

네? 제가요? 가능하다면 거절하고 싶습니다만…

부하

그건 어째서지?

지금 일만으로도 힘에 부치는데 새로운 일은 좀…

자네는 새로운 일을 달가워하지 않는 모양이 군. 그래도 우리 업계에서 5∼10년 안에 기계화나 무인화가 상당히 진척될 거라는 이야기가 나오고 있는데, 자네는 어떻게 생각하나?

그럴지도 모르겠습니다. 하지만 AI는 그냥 한때의 유행 같아 보이기도 하고…

확실히 AI는 한때의 유행에 지나지 않을지도 모르지. 하지만 일손이 지금보다도 줄어들 것이 뻔한 와중에 AI를 제대로 접해놓는 건 중요하다고 생각하네. AI가 보급되었을 때 사람은 무엇을 해야 좋을까? 자네의 업무는 어떻게 될 거라 생각하나?

뭐… 상당 부분 AI로 대체될지도 모르겠습니다.

AI가 도입된다면 그렇겠지. 그러니 늦기 전에 AI와 관계를 맺어보는 편이 사람과 AI의 역할 분담에 관해 깊이 생각해보는 데 도움이 되지 않겠나?

그렇네요…

자네는 팀의 최연장자지. 선배가 도전하는 모습을 후배들도 지켜볼 게 아닌가? 도전할 마음이 없는 건 아니겠지?

네, 네…

(잠시 침묵하고 생각하게 한다.)

알겠습니다. 해보겠습니다.

그럼 부탁하네!

다만 현재 업무가 제대로 돌아가지 않게 될 우려가 있습니다만…

그건 그렇군. 그럼 다른 인원에게 얘기해 조정할 수 있는 일이 없나 좀 생각해볼까? (이하 의논)

[해설] **부하가 생각하게 만드는 편이 위기감을 품게 하기 쉽다.**

포인트

- "지금의 일을 계속한다고 현상 유지가 되는 건 아니다. 게다가 이대로라면 자네의 커리어는 이렇게 된다"고 미래의 전망을 전한다.
- '이대로라면 어떻게 되는가'를 부하 스스로 생각하게 한다.
- "장래 어떻게 되고 싶은지 생각하고 있나?"라며 부하의 커리어 비전을 묻고 새로운 일과 어긋남이 없는지 확인한다.
- 정말로 현재 업무가 바빠서 받아들일 수 없다고 한다면 업무를 분담하는 등 부담을 덜어줄 방법을 찾는다.

중견 기계 제조사 업무추진실 부실장 **카와노 쿄코**(38세)

기계 제조사의 업무추진실 부실장으로 근무하고 있는 카와노 씨. 올해에 지금의 자리에 올랐다고 합니다. 아이 둘의 육아와 일의 양립을 위해 나날이 분투하고 있는 카와노 씨는 한정된 시간 속에서 어떤 피드백을 하고 있을까요?

격무를 소화하며 오후 6시에 퇴근 어떻게 부하를 키울까?

지금까지의 경력과 현재 하시는 일에 관해 간단히 소개 부탁드립니다.

대학 졸업 후 교육 관련 회사를 거쳐 13년 전 지금 회사에 입사했습니다. 처음 3년간 마케팅 부서에 있었습니다만, 출산으로 1년가량 휴직한 후 9년 전부터는 업무추진실에서 일하고 있습니다.

업무추진실은 발족 당시 다른 부서가 하지 않는 일을 모아서 돌보는 '뭐든지 실' 같은 부서였습니다. 현재는 인사 업무부터 총무 업무까지 폭넓게 돌보고 있습니다. 실장님, 부실장인 저, 그리고 세 명의 부하로 총 다섯 명이 근무하고 있습니다. 부하는 30대 여성 두 명, 신입사원인 20대 남성 한 명입니다.

폭넓은 업무를 다섯 명이 하고 계신 건가요? 상당히 바쁘시겠는데요?

그렇습니다. 게다가 저는 초등학생 자녀가 둘 있어서 마중하러 가기 위해 오후 6시에는 퇴근해야만 합니다. 그러니 매일 발버둥을 치고 있죠. 한정된 시간 속에서 어떤 방법으로 업무를 소화해가며 부하를 지원하고 키울까, 번민하는 나날을 보내고 있습니다.

부하를 지원하면서 피드백한다

그런 중에도 부하를 키우려면 피드백이 필수불가결하다고 생각합니다. 어떤 점에 유의하고 있습니까?

부하의 내면을 지원하면서 피드백하는 것을 명심하고 있습니다. 지금 부서는 당초에 '뭐든지 실' 같은 부서였기 때문에 매일 발생하는 일에 일일이 대응하는 것만으로도 손이 부족했습니다. 겨우겨우 버텼다고 할 만큼 정신없는 나날이었습니다.

그런 상황을 타파하고자 팀원들에게 일을 분담하기 시작했는데, 그렇게 하니 지금 어떤 진척이 있나, 무엇을 곤란해하나, 도움이 필요한가 등 각각의 일에 대한 상황을 살피기가 어려웠습니다.

또 저 자신도 매일 업무에 쫓겨 주 업무로 삼고 싶었던 채용이나 연수에까지 충분히 손길을 뻗지 못했던지라 '인사에 관한 일을 좀 더 해보고 싶어!'라는 생각만 품고 있었습니다. 그래서 어쩌면 다른 팀원들도 저처럼 '좀 더 이렇게 하고 싶어!'라는 생각을 품고 있지 않을까 생각했습니다.

정말 힘드셨겠군요.

저 자신도 육아와 일을 병행하다 보니 시간이 한정되어 있었죠. 그런 와중에 지금 같은 입장이 되었기 때문에 '팀원들에 대해 좀 더 알아두지 않으면 피드백할 주제가 못 된다'라고 솔직하게 생각했습니다. 우선은 부하가 일을 한 후에 '좀 더 이렇게 하고 싶어!' 란 생각을 품고 있다면 그 생각을 가감 없이 표현할 수 있도록 지원한다는 태도를 취했습니다. 그리고 그런 생각을 듣는 와중에 깨달은 것들을 적극적으로 피드백하고 싶었습니다.

생활에 이르기까지 이야기를 듣다

부하를 지원하면서 피드백을 하기 위해 구체적으로 어떤 일을 하셨습니까?

우선 제가 부실장이 되고부터는 저와 부하가 일대일로 면담하는 자리를 월 1회 가졌습니다. 모두 바쁘기 때문에 한 사람당 30분 정도로 시간을 잡고 있습니다.

자리를 갖는 목적은 부하가 생각하고 있는 바를 알기 위해서입니다. 지금 하는 일에 대한 고민이나 커리어 플랜처럼 일에 관련한 생각뿐만 아니라 생활에 이르기까지 깊은 생각을 들을 수 있도록 신경 쓰고 있습니다.

생활에 이르기까지 파고드는 것은 어째서입니까?

평소 생활에 대한 이야기까지 잘 들어둬야 그 사람의 정신 상태나 본심을 파악하는 게 가능하다고 생각해서입니다. 그래야 적절한 피드백을 할 수 있다고 생각합니다.

예를 들어 30대 여성 직원이 한 살배기 아이를 키우느라 단축 근무를 하고 있습니다. 제 육아 경험으로 봤을 때 한 살이면 아직 면역력이 약해서 보육원에서 여러 병에 걸려 오기 마련이라 상당히 손이 많이 가는 시기입니다. 또 직장에서 보육원·자택까지의 거리가 멀면 다른 사람보다 통근에 대한 부담도 큽니다. 이렇게 평소 육아 상황을 알고 있는지 아닌지에 따라 피드백에서 할 수 있는 말도 달라진다고 생각합니다. 이는 비단 육아 중인 사원에게만 한정된 얘기는 아닙니다. 혼자 사는 남성 직원에게도 평소 생활에 대해 물으면 갖가지 일을 알 수 있습니다.

사실 저희 부서는 별로 잡담도 안 하고 일 이야기도 최소한으로 하는 건조한 분위기였습니다. 사이가 나쁘다기보다 일이 너무 바쁘다 보니 그랬지만, 대화가 적은 만큼 서로의 기분을 모를 때가 많았습니다. 그것을 타파하기 위한 노림수이기도 했습니다.

최근에는 사생활에 대해 묻는 것을 싫어하는 사람이 늘고 있는데 그쪽은 괜찮습니까?

물론 꼬치꼬치 캐물으면 싫어할 거라고 생각하기 때문에 일단은 가볍게 묻고 있습니다. 예전에는 "무슨 일 있는 것 같은데, 괜찮아?"라는 식으로 물어봤는데, 이렇게 묻는 건 의미가 없더군요. 예를 들어 "아이가 한 살이니까 여러모로 손이 갈 것 같은데, 괜찮아?"라고 물었는데 "네, 괜찮아요"라고 대답하면 그 이상 이야기가 이어지지를 못하죠. 사실 대답하는 사람도 "괜찮지 않아요"라고 말하긴 좀 힘드니까요.

확실히 "괜찮아?"라고 물으면 좀처럼 본심을 내보이지 않죠.

그래서 지금은 "요즘 얼굴이 피곤해 보이는데, 뭔가 잘 안 되는 일이라도 있어?", "애는 보육원에 익숙해졌어?"라고 좀 더 구체적으로 묻습니다. 그래야 상대도 뭔가 더 이야기를 하고요.

자신이 오픈되어 있지 않으면
상대도 오픈하지 않는다

그밖에 이야기를 끌어내기 위한 포인트가 있습니까?

면담하는 중에 상대의 마음을 열고 싶으면 자신부터 마음을 여는 게 중요하다는 점을 깨달았습니다.

앞서 말씀드린 육아에 대한 이야기를 예로 들어볼까요? "내가 오후 6시에 퇴근을 못 했잖아. 그랬더니 방과 후 학교 문 닫는 시간에 못 맞출 것 같더라고. 어쩔 수 없이 역에서부터 택시를 타고 가서 아슬아슬하게 겨우 도착했어" 같은 이야기를 꺼내면 상대도 "실은 저도 보육원에 마중 가야 하는데 시간을 못 맞추는 경우가 있다"고 말하기 쉬워집니다.

면담에서는 보통 2 대 8 정도로 상대의 이야기를 듣는 데 치중합니다만, 가끔 제가 이야기할 때 제게 있었던 일을 드러내 보이면 부하도 마음을 열고 이야기한다는 느낌이 듭니다.

또 하나, 면담에 관한 건 아니지만 사무실의 물리적인 '벽'을 없앤 것도 대화를 낳는 데 좋은 역할을 하지 않았나 생각합니다.

물리적인 벽이란 무엇을 말하는 건가요?

저희 부서는 네 개의 책상이 하나의 섬처럼 되어 있고 두 명씩 얼굴을 마주 보는 형태로 자리가 배치되어 있습니다. 책상 위에 아무것도 없다면 서로의 얼굴이 보이지만, 컴퓨터 모니터 양옆으로 서류 등을 쌓아놓으면 서로 얼굴이 보이지 않습니다. 이와 같은 '벽'이 있어서 가볍게 말을 건네지 못하게 된 건 아닐까 생각했습니다. 그래서 "여러분과 좀 더 이야기하고 싶으니 모니터 옆의 서류를 치우고 서로 얼굴이 보이게 하지 않겠어?"라고 제안했습니다.

반응은 어땠습니까?

"그러네요", "저도 그렇게 생각했어요"라고 긍정적인 반응이 돌아왔습니다. 이럴 거면 좀 더 빨리 말할 걸 그랬다고 생각했습니다. 벽을 없앤 뒤로는 조금씩 대화가 늘어났습니다. 이 역시 한정된 시간에 부하를 이해하는 데 도움이 되고 있습니다.

문제점을 지적하기보다 해결책을 논의하는 데 시간을 할애한다

이야기를 끌어낸 후에는 어떤 식으로 피드백하셨습니까?

지금의 문제점을 완곡하게 전했지만, 그보다는 부하와 함께 해결책을 생각하는 데 시간을 할애했습니다. 예를 들어 일을 점점 수동적으로 하기 시작한 여성 부하가 있었습니다. 그런데 좋게 좋게 이야기를 들어보니 '이런 일을 하고 싶다'는 아이디어가 있다는 걸 눈치챘습니다. 그 부하에게 "최근 좀 수동적인 것 같아"라고 말했습니다만, 지적보다는 "하고 싶은 게 있다면 하자"며 부하의 생각을 뒷받침하는 데 시간을 할애했습니다.

순순히 의욕이 돌아왔습니까?

"하지만 지금 업무량이 많아서 그 일도 제대로 하지 않으면 이것도 저것도 어중간해지고 말 거예요"라는 말을 들었습니다. 그 불안을 해소해주지 않고 "하고 싶으면 하자"라고만 말하는 건 상사로서 무책임하죠. 그래서 그 부하가 담당하던 일을 저와 다른 부하가 분담하는 방법을 의논했습니다.

이때 염두에 둔 것은 "그렇다면 이 일을 이렇게 분담하자"라고 제가 생각한 해결책을 밀어붙이지 않는 것이었습니다. 제가 밀어붙이면 부하는 '모처럼 내 스스로 계획을 생각했는데 결국 상사인 당신 말대로 하지 않으면 안 되는 건가'라는 마음이 들어 모처럼 갖게 된 의욕이 떨어질 거라 생각했습니다. 뭔가 말할 때는 "이런 방법도 있지 않아?"라고 제안하는 식으로 했습니다. 이렇게 의논한 게 좋았는지 그 부하는 도전할 마음을 굳히더군요.

과거에 문제의식을 품고 있던 '구성원의 가능성'을 제대로 끌어내는 관리자가 되셨군요.

하지만 아직도 풀어야 할 숙제가 많습니다. 지금은 '여유를 갖는 것'을 특히 의식하고 있습니다. 지난 2개월간은 일정에 여유가 좀 생겨서 부하의 이야기를 제대로 들을 수 있는 마음의 여유가 있었지만, 제 일이 산더미처럼 쌓이면 부하 이야기가 귀에 들어오지 않게 돼서…. 자기 일부터 효율적으로 처리해서 마음의 여유를 갖는 게 적절한 피드백을 하기 위해 중요하다고 생각합니다.

해설 카와노 씨는 30대 여성 부하 두 명, 20대 남성 부하 한 명을 데리고 있는 워킹맘입니다. 카와노 씨의 피드백에서 흥미로운 점은 자신의 피드백이 어떤 식이어야 하는지 주위 환경을 고려하고 나서 결정했다는 점입니다. '팀원들도 자기처럼 생각을 속에 품고만 있는 게 아닌가'라고 판단한 뒤, 곧바로 그 생각을 꺼내기 쉽도록 격려와 위로의 피드백을 해왔다는 점이 인상적입니다.

당연한 얘기인지도 모르겠지만, '무엇이 좋은 피드백인가'는 그 사람이 처한 환경에 따라 다릅니다. 만약 카와노 씨의 환경이 '구성원 각각이 제멋대로 행동해 문제가 빈발하는 직장'이었다면 카와노 씨는 좀 더 쓴소리를 제대로 하는 피드백을 해야 했을지도 모릅니다.

무엇이 좋은 피드백인가를 고민할 때는 자신과 직장이 어떤 환경 속에 있는가를 먼저 파악하는 것이 중요합니다.

제 5 장

피드백을 계속하기 위한
사전 준비 & 테크닉

단 15분의 1 on 1으로
피드백이 바뀐다

잦은 미니 면담으로 SBI 정보를 모은다

이번 장에서는 피드백을 하기 위해 필요한 준비나 훈련, 정신 건강이 나빠지지 않기 위한 사고방식 등을 짚어보겠습니다. 우선 부하의 정보를 모으기 위해 정기적으로 실시하면 좋은 '1 on 1'을 소개하겠습니다.

부하를 관찰할 시간이 없다면 면담으로 정보를 모은다

사실에 근거한 객관적인 피드백을 하려면 부하의 SBI 정보를 수집해야 한다고 이미 몇 차례나 이야기했습니다. 복습하자면 SBI 란 Situation(어떤 상황·때에), Behavior(어떤 태도·행동이), Impact(어떤 영향을 초래했는가)를 말합니다.

SBI 정보를 모으려면 우선 평소에 부하의 행동을 관찰해야 합니다. 하지만 바빠서 관찰 따위 할 여유가 없다는 분이 많겠죠. 하물며 요즘은 프리 어드레스free address*나 원격근무 등으로 부하가

피드백에는 1 on 1이 빠질 수 없다

- 일대일로 한다.
- 주 1회~격주 1회의 빈도로 한다.
- 이 자리에서 SBI 정보도 모은다.

가까이 없는 경우도 많아져 관찰하기가 더욱 어려워졌습니다.

그래서 빼놓을 수 없는 방법이 1 on 1(원 온 원)입니다. 1 on 1이란 상사와 부하가 일대일로 하는 미니 면담을 뜻합니다. 이 자리에서 최근의 일에 대해 보고받고 '무엇이 좋았고 무엇이 좋지 못했는가', '문제가 일어났다면 원인은 무엇인가', '어떤 식으로 해결했는가' 등을 들어둠으로써 어느 정도 SBI 정보를 입수할 수 있습니다.

---

* 사무실에 자리가 따로 정해져 있지 않고 공공도서관처럼 매일 아침 출근하면 비어 있는 자리 중 자신이 앉을 자리를 스스로 정하는 제도.—옮긴이

연 1, 2회로는 부족하니 빈도를 늘려 실시한다

가장 중요한 것은 빈도입니다. 면담 제도가 있는 회사도 대부분 연 1, 2회 정도, 기초·기말의 목표 달성도 평가를 겸해서 하는 경우가 많습니다.

그러나 연 1, 2회 면담으로는 부하의 고민을 비롯한 여러 일을 파악할 수 없습니다. 대부분 기말 면담이라야 반년 전에 설정한 목표같이 상사도 부하도 잘 기억나지 않는 이야기를 붙잡고 있는 것일 테고, 문제행동이 일어났다고 하더라도 그동안 그냥 방치해온 경우가 많을 것입니다.

부하를 파악하기 위해서는 짧은 시간이라도 좋으니 빈번하게 면담을 하는 것이 중요합니다. 1 on 1을 한 차례 하는 데 15분 정도도 괜찮으니 빈도를 늘리기를 추천합니다.

포인트

- 관찰할 시간이 없다면 '1 on 1'으로 SBI 정보를 모은다.
- 15분 정도도 좋으니 빈도를 늘린다.

직장 문제도
1 on 1으로 방지한다

구성원 간의 문제나 정신 건강 위험 징후 등에 신경 쓴다

1 on 1의 이점은 피드백할 정보를 모을 수 있다는 것만이 아닙니다. 구성원 간의 문제나 상사와 부하의 불완전한 커뮤니케이션 등 갖가지 문제를 신경 쓸 수 있습니다.

상사와 부하의 어긋난 인식을 깨닫는다

빈번한 1 on 1은 갖가지 이점이 있습니다. 그중 하나는 쓴소리 피드백을 받기 전에 부하가 자신의 행동 과제를 스스로 깨닫는 것입니다.

최근 있었던 일에서 좋았던 점이나 나빴던 점을 자기 입으로 상사에게 말함으로써 자신을 객관화하고 부하 스스로 잘못된 행동을 깨닫곤 합니다. 상사가 무슨 말을 하지 않더라도 행동 개선으로 이어진다면 본인의 능력도 향상되기 마련입니다.

또 하나는 상사와 부하의 어긋난 인식을 깨닫는 것입니다. 예를 들

어 상사는 완성도보다 속도를 중시하는데 부하는 완성도에 구애받는 것처럼 상사의 생각이 부하에게 제대로 전해지지 않는 사례는 어느 직장에나 비일비재합니다. 부하의 보고를 자주 접하면 이 부분을 일찍 깨달을 수 있습니다.

한편 부하도 상사의 생각을 확인하고 싶지만 분주해 보이는 상사에게 차마 말을 걸지 못해 모른 채 지나가는 경우가 많습니다. 하지만 격주 1회라도 일대일로 이야기하는 자리가 있다면 그 자리에서 스스럼없이 물을 수 있겠죠.

큰불이 되기 전에 작은 불을 잡는다

한층 더 강력한 이점은 큰 문제로 발전하기 전에 문제를 알아챌 수 있다는 것입니다. 예를 들어 구성원 간의 작은 다툼이 발전해 다른 사람들까지 말려들어 대립이 심화되고, 나아가 서로 발목을 붙잡고 늘어지면서 회복 불가능한 사태로 번지는 경우가 있습니다. 불씨 단계에서 불을 잡았다면 큰불로 번지지는 않았을 텐데 작은 불을 간과했더니 눈치챘을 때는 이미 큰불이 되었다는 이야기, 아마 자주 보고 들으셨을 겁니다.

마지막으로 부하의 정신 건강이 나빠진 것을 눈치챌 수 있다는 이

1 on 1의 이점

• 부하가 자신의 행동 과제를 스스로 깨닫는다

그 일은 이렇게 처리했다면 좋았을 텐데…

부하

• 커뮤니케이션의 어긋남이 사라진다

이렇게 생각하고 진행하겠습니다!

고마워! 미안하지만 여기랑 거기를 바꿔주겠어?

부하　　　상사

• 큰 문제를 미연에 방지한다

실은 이런 일이 있어서…

그런가! 지금이라면 아직 어떻게든 할 수 있어!

부하　　　상사

• 부하의 정신 건강이 나빠진 것을 눈치챌 수 있다

…라고 생각하고 진행하겠습니다…

뭐지? 컨디션이 나쁜가?

부하　　　상사

피드백을 계속하기 위한 사전 준비 & 테크닉

점이 있습니다. 정신 건강이 나빠진 사람은 대부분 심각해지기 전부터 어렴풋한 징후를 보이곤 합니다. '어딘지 모르게 힘이 없다', '한숨의 횟수가 많아졌다' 같은 변화를 사전에 눈치챌 수 있다면 상담 등의 방법을 통해 휴직자나 이직자를 상당히 줄일 수 있겠죠.

이처럼 1 on 1을 빈번하게 하면 상사에게나 부하에게나 이점이 많습니다. 귀찮다고 여길 수도 있지만 사전에 이런 일을 하지 않으면 나중에 커다란 문제가 되어 막대한 시간을 빼앗길지도 모릅니다. 그렇다면 빈번하게 하는 편이 단연 이득입니다.

포인트

- 1 on 1에는 갖가지 이점이 있다.
- 부하가 스스로 문제를 깨닫는다.
- 어긋난 인식을 수정할 수 있다.
- 직장의 큰 문제를 미연에 방지할 수 있다.
- 정신 건강이 나빠지는 전조를 눈치챌 수 있다.

부하의 이야기를 이끌어내는
1 on 1 진행 방식

부하들과의 대화 방법, 부하의 이야기를 듣는 방법

1 on 1에서 일에 대한 보고뿐 아니라 직장 내 문제나 부하의 커리어 등 여러 이야기를 끌어내고 싶을 것입니다. 어떤 방식으로 진행해야 부하에게서 많은 이야기를 끌어낼 수 있을까요?

부하에게 알아내고 싶은 세 가지

1 on 1의 목적은 부하에게서 많은 이야기를 끌어내는 것입니다. 어떤 식으로 진행하면 좋을까요?

알아내고 싶은 정보는 크게 세 가지입니다.

첫째, 부하 자신의 일에 대한 보고입니다. 일의 진척 상황, 좋았던 점과 좋지 못했던 점, 문제의 원인, 해결책 등을 듣습니다.

둘째, 직장에서 일어나고 있는 일입니다. 부하가 직접 관련되어 있지 않더라도 구성원 간의 문제나 정신 건강이 악화해가는 사람의 징후 같은 이야기를 듣습니다.

셋째, 부하의 중장기 커리어입니다. 이제부터 어떤 식으로 커리어를 쌓고 싶은지, 그러기 위해 무엇을 해야 하는지를 듣습니다.

처음에는 "뭔가 하고 싶은 말이 있나?" 정도면 된다

상사는 위의 세 가지를 다 듣고 싶겠지만 시간은 한정되어 있고 "직장에서 일어나고 있는 일은 어떤가?"처럼 형식을 차려 물어보면 부하가 말하기 어려워집니다.

그래서 제가 추천하는 방법은 부하가 하고 싶은 말을 하도록 하는 것입니다. "뭔가 말하고 싶은 게 있나?", "상담하고 싶은 게 있나?", "신경 쓰이는 게 있나?" 등으로 투박하게 질문을 던지고 부하가 자유롭게 이야기하도록 합니다. 그러면 예상 이상으로 여러 이야기가 튀어나오기 마련입니다.

저도 연구실 직원들을 상대로 1 on 1을 하고 있는데, 처음 시작했을 때 '실은 이렇게 생각하고 있었던 건가', '이런 일로 고민하고 있었던 건가' 하는 생각이 들 정도로 예상 밖의 이야기가 차례차례 튀어나왔습니다. '모두 들어줬으면 하는 일이 잔뜩 있었구나' 하고 새삼 느꼈습니다.

말을 끊거나 내 이야기를 하지 않는다

이야기를 많이 끌어내려면 부하가 말하려는 것에 제대로 귀 기울이는 자세가 대단히 중요합니다. '듣는다'는 것은 귀가 달려 있다고 누구나 할 수 있는 일이 아닙니다. 듣는 것은 상당히 어려운 행위로, 특히 부하의 말을 가로막지 않고 끝까지 경청하는 것은 제대로 된 훈련과 충분한 경험 없이는 좀처럼 불가능합니다. 자기반성을 담아 하는 말입니다만, 'hear(의식하지 않아도 들린다)'는 가능해도 'listen(의식해서 듣는다)'은 불가능하다는 이야기입니다. 부하가 하는 말에 "그렇지"라고 일일이 수긍하며 그 이야기를 이해해가는 적극적·능동적 청취야말로 관리자에게 요구되는 능력입니다.

그러나 현실에서는 부하가 이야기하는 도중에 "그래도 그건 좀 아니잖아?", "그건 좀 이상하지 않나?"라며 말을 끊거나 제대로 듣지 않고 자기 말만 하기 십상입니다. 마음에 짚이는 데가 있다면 반드시 신경 씁시다.

> **포인트**
> - 1 on 1에서는 '일에 대한 보고', '직장 내 사건 사고', '커리어 전망'을 듣는다.
> - 부하가 하고 싶은 말을 자유롭게 하도록 두는 편이 낫다.
> - 이야기가 시작되면 이야기를 끊지 말고 끝까지 경청한다.

1 on 1 진행의 포인트

• 부하로부터 알아내야 할 세 가지 정보

• 부하가 말하고 싶은 것을 이야기하게 한다

• 부하의 이야기를 경청한다

바쁜 관리자는
아침 한마디를 습관화하자

한마디 건네는 것만으로도 온갖 정보가 모인다

바빠서 회사에 거의 못 있는 관리자에게 권하는 방법은 '아침 한마디'입니다. 매일 아침 5~10분쯤 직장을 돌면서 한마디 건네는 것만으로도 온갖 정보를 모을 수 있습니다.

직장을 한 바퀴 둘러보며 가볍게 한마디 건넨다

부하에게서 온갖 정보를 모았다면 하나 더 권하고 싶은 것이 아침 한마디입니다. 매일 아침 출근했을 때 직장을 한 바퀴 돌며 눈에 띈 부하에게 한두 마디 말을 걸어봅시다.

저는 때때로 연구실을 돌며 눈이 맞은 부하에게 "그 일의 진행 상황은 어떤가?", "제법 어렵지?"라고 묻거나 특별한 용무가 없을 때는 "무슨 일 있었어?", "뭐 곤란한 건 없어?"라고 물어봅니다. 또 누군가로부터 연구원에 관해 신경 쓰이는 이야기를 들었을 때는

직장을 돌면서 정보를 모은다

"○○ 씨, 최근 ~한다면서?"라고 들은 그대로 부딪쳐봅니다.

그러면 "사실 그렇습니다"라며 적극적으로 대답하는 경우가 많습니다. 상대가 말하고 싶은 생각이 있을 때는 이때를 기다렸다는 듯 이것저것 이야기해옵니다.

아침 한마디는 부하가 10명 이하라면 십수 분 만에 할 수 있는데, 이것만으로도 온갖 정보를 알아낼 수 있습니다. 플레잉 매니저 상태라 눈코 뜰 새 없이 바쁜 사람일수록 이 방법을 추천합니다.

포인트

- 아침에 출근했을 때 부하에게 한두 마디 말을 건네는 것만으로도 온갖 정보를 모을 수 있다.
- "그 일 어때?", "뭐 곤란한 건 없나?"라고 가볍게 말을 걸면 된다.

삼각검증으로 정보의
진위를 파악한다

좋지 않은 소문을 들으면 다른 사람에게도 확인한다

"○○ 씨는 최근 뒤에서 땡땡이치고 있어요." 1 on 1 등을 통해 부하의 나쁜 소문을 들었다고 해서 그대로 받아들이면 안 됩니다. 여러 명의 부하로부터 넌지시 이야기를 들어보고 진위를 확인합시다.

소문을 그대로 받아들이면 돌이킬 수 없는
사태로 이어진다

부하와 '1 on 1'이나 '아침 한마디'를 하면 다른 사람에 관한 정보도 여러 가지 들어옵니다. "A는 일에 실수가 많다", "B는 부탁한 일을 제대로 해놓지 않는다"처럼 다른 사람을 비판하는 듯한 이야기도 들리겠죠.

하지만 이런 이야기를 그대로 받아들이면 위험합니다. 정보는 여러 경로를 거쳐 항상 그 진위를 검증해야만 합니다. 직장에서의 예를 들어 '부탁한 일을 제대로 해놓지 않는다'는 비판의 이면을 보면 그 사람을 비판하고 있는 부하의 부탁 방식이 잘못되었을 수도 있습니다. 사람은 아무래도 자기 입장에서 이야기하기 마련이니까요.

그런데도 고스란히 제삼자에게서 들은 소문만을 근거로 갑자기 부하를 찾아가 혼내면 영문도 모른 채 혼난 부하는 마음에 깊은 상처를 입을지도 모릅니다. 그러면 신뢰 관계를 잃게 되겠죠. 어쩌면 "관리자가 너무 지레짐작만 하는 건 아닙니까?"라고 도리어 역공을 당할 수도 있습니다.

세 명이 같은 말을 한다면 진실에 가깝다

이러한 실수를 피하기 위해 관리자들이 항상 신경 써야 하는 것이 삼각검증입니다. 즉, 다각적인 정보 수집이 중요합니다.

예를 들어 A에 관해 뭔가 좋지 못한 소문을 들었다면 다른 사람에게도 이야기를 들어봐야 합니다. "최근 A는 어때?", "이름은 말할 수 없지만 누가 A에 관해 이런 일로 곤란하다고 말하던데, 어떻게 생각해?" 등등 여러 방식으로 물어볼 수 있겠죠.

그러면 "아, 최근 실수가 많았죠", "어머니 건강 상태가 안 좋은 모양이더라고요" 등과 같이 여러 정보가 들어옵니다. 그중 세 명 정도가 같은 말을 하면, 그것은 진실에 가깝다고 볼 수 있습니다. 반대로 제각각 다른 이야기를 한다면, 누군가가 억측으로 잘못된 말을 하고 있을 가능성이 큽니다. 그럴 때는 상황을 좀 더 지켜보는 편이 좋습니다.

이처럼 제대로 SBI 정보를 수집하면 부하에 대한 정보를 입수할 수 있을 뿐 아니라 부하의 궤도를 그때마다 조금씩 수정할 수 있으니 그것만으로도 부하가 성장하기 쉬워집니다. 아직 문제가 크지 않을 때 대처할 수 있으니 자기 부서에서 심각한 문제가 발생하는 일도 적어집니다. 어쩌면 엄한 피드백이 필요하지 않게 될지도 모릅니다.

포인트

- 부하로부터 들은 소문을 진실이라고 단정하면 안 된다.
- 소문을 근거로 피드백을 하면 신뢰 관계를 잃을 수도 있다.
- 소문은 반드시 다른 사람에게도 이야기를 들어 그 진위를 확인한다.
- 사람들 이야기가 제각각이라면 상황을 지켜본다.

피드백 전에
머릿속 예행연습을 한다

피드백도 이미지 트레이닝이 중요하다

'부하의 문제점을 어떤 논리로 전할까?', '부하의 반론에 어떻게 답할까?' 실제 피드백에 들어가기 전에 머릿속으로 예행연습을 해두면 갈피를 못 잡고 횡설수설하거나 생각지 못한 반론에 머릿속이 새하얘지는 사태를 막을 수 있습니다.

종이 한 장으로 정리해두면 체계적으로
이야기할 수 있다

프레젠테이션에서도 스포츠에서도 사전에 '이미지 트레이닝'을 해두는 것이 중요하다고 합니다. 이는 피드백에서도 마찬가지입니다. 피드백 직전에는 반드시 머릿속 예행연습을 해둡시다.

구체적으로는 말하자면, 부하의 문제점을 어떤 논리로 전할지 작전을 세우고 들어가는 것입니다. 1 on 1 등으로 모은 정보를 근거로 무엇을 이야기할지 생각합니다. 그 내용을 A4 용지 한 장에

간단히 요약해두면 머릿속도 정리되고 체계적으로 말할 수 있습니다.

부하의 반론을 예상해두면 당황하지 않는다

머릿속 예행연습을 할 때는 피드백이 끝나면 나올 부하의 반론을 여러 개 예상해두고, 그에 대해 어떻게 답할지 생각해두면 좋습니다.

피드백을 잠자코 받아들이는 부하는 거의 없습니다. 대개는 변명이나 반론을 하기 마련입니다. 그런 반응을 예상해두고 어떻게 받아칠지 생각해놓아야 합니다.

가장 흔한 반응은 '고객이 나쁘다', '팀원이 나쁘다'처럼 환경이나 주위 탓을 하는 것입니다. 그에 대해 "환경이나 주위의 탓도 있을지 모르지만 자네 개인의 행동에도 문제가 있었던 건 아닌가?", "이와 같은 나쁜 환경 속에서 결과를 내려면 어떻게 행동하는 게 좋을까?"라고 되받아치면 부하의 반성을 촉구할 수 있겠죠.

3장에서 다룬 좋은 피드백의 관용구나 4장의 유형별 대처법 등을 참고해 작전을 세워보세요.

갑질의 함정에 빠지지 않으려면

상사인 당신이 울컥해 폭언을 쏟아내지 않기 위해서도 부하의 반론을 예상해두어야만 합니다. 피드백은 밀실에서 일대일로 하기 때문에 평상심을 지키기가 어렵고 자기도 모르게 성격이 나오기 마련입니다. 평소에도 욱하기 쉬운 성격이라면 피드백에서는 더더욱 욱하기 쉽습니다. 부하에게서 이상한 변명만 듣고 있으면 머리에 피가 솟구쳐 폭발해버릴지도 모릅니다.

그러나 그렇게 되면 부하의 꾀에 넘어가는 것입니다. 요즘은 면담 내용을 스마트폰 등으로 녹음하는 부하도 있습니다. 그것을 증거로 '갑질'이라고 인사부로 달려가면 좌천당할 가능성도 있습니다. 그렇게 되지 않기 위해서라도 머릿속 예행연습을 꼭 해둡시다.

면담 전 확보해두면 좋은 내용을 피드백 작전 회의 시트로 정리했습니다. 복사해서 사용할 수 있게 만들었으니 부디 많이 활용해주세요.

> **포인트**
> - 피드백 전에 어떤 논리로 말할지 작전을 세워둔다.
> - 간단하게 내용을 요약해두면 머릿속이 정리된다.
> - 부하의 온갖 반론을 예상하고 어떻게 되받아칠지 생각해둔다.
> - 갑질도 '머릿속 예행연습'으로 방지한다.

피드백 작전 회의 시트

부하 이름

목적

| 어떤 상태를 | 어떤 상태로 바꾸고 싶다 |

SBI①

S …

B …

I …

SBI②

S …

B …

I …

그 문제행동의 공통점은?

왜 그 행동을 개선할 필요가 있는가?

피드백 후

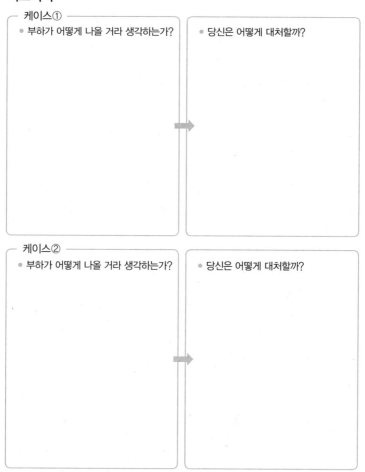

┌─ 케이스① ────────────────────────────
● 부하가 어떻게 나올 거라 생각하는가?   ● 당신은 어떻게 대처할까?

┌─ 케이스② ────────────────────────────
● 부하가 어떻게 나올 거라 생각하는가?   ● 당신은 어떻게 대처할까?

┌─ 체크 포인트 ────────────────────────────
● 부하에게 이후의 방침을 결정하게 했는가? (What? / So what? / Now what?)
● 재발방지책은 세웠는가?
● 기대를 전했는가?

모의 피드백 연습으로
자신을 객관적으로 본다

자신의 피드백 모습을 보는 것이 숙달의 지름길

부하에게 먹히는 피드백을 하려면 말하는 기술을 갈고 닦을 필요가 있습니다. 그러기 위해 추천하는 것이 '모의 피드백 연습'입니다. 자신의 피드백을 자기 입장과 제삼자의 입장으로 나눠 객관적으로 보는 것입니다.

자신의 피드백을 비디오로 촬영

피드백은 일대일의 닫힌 공간에서 하기 때문에 그 모습을 객관적으로 봐주는 사람이 없습니다. 그것은 곧 당신이 아무리 서툰 피드백을 하더라도 냉정하게 지적해줄 사람이 없다는 뜻입니다.

프레젠테이션이나 영업에서와 마찬가지로 말하는 실력을 갈고 닦기 위해서는 누군가가 봐주고 지적해주는 방법이 효과적입니다. 그래서 추천하는 방법이 모의 피드백 연습입니다.

제가 기업에서 피드백 연수를 할 때는 반드시 모의 피드백 연습을 실시합니다. 상사든 동기든 상관없습니다. 자신과 또 다른 한 명만 있으면 됩니다. 상사 역할과 부하 역할로 나누어 임시 피드백을 합니다. 설정은 실제로 있을 법한 내용이 좋겠죠. 이때 부하 역할인 사람은 일부러 화를 내거나 변명을 해서 되도록 상사 역할을 곤란하게 합니다. 그 모습을 비디오카메라나 스마트폰 등으로 촬영하고 나중에 다시 보면 더욱 효과적입니다.

용기를 가지고 보면 개선점을 깨달을 수 있다

용기를 최대한 짜내어 그 동영상을 봅시다. 그러면 상사 역할을 맡은 사람은 '뭔가 굉장히 고압적이네', '말이 빨라서 무슨 소리를 하는지 알 수가 없다', '눈이 두리번거리고 손도 조급하게 움직이고 있어… 나란 놈, 이렇게나 안절부절못했던 건가'라면서 지금까지 눈치채지 못했던 자신의 모습을 깨달을 수 있습니다. 시뮬레이션에서 그 정도면 실전에서는 더더욱 심하다고 생각해야겠죠.

또 피드백을 받은 부하 역할을 맡았던 사람에게 조언을 구하면 영상을 보고도 눈치채지 못했던 점들을 지적해줄 것입니다. 이를 발판 삼아 자신의 단점을 개선해나가면 부하 앞에서도 당당하게 피드백할 수 있는 상사가 되겠죠.

피드백을 처음부터 잘하는 관리자는 없습니다. 처음에는 모두 피드백 초심자니까요. 피드백은 관리자가 되고서야 처음으로 해보는 것입니다. 그렇기에 초심자 시절에 모의 피드백을 하면 모두 입을 모아 "하길 잘했다"고 말합니다.

모의 피드백 시나리오를 준비했습니다. 동료 관리자와 이 시나리오로 모의 피드백 연습을 해보시기 바랍니다.

포인트

- 말하는 기술을 갈고 닦을 때는 자신의 피드백을 객관적으로 보거나 제삼자에게 봐달라고 해야 한다.
- 모의 피드백을 하고 그 모습을 봄으로써 개선점을 깨달을 수 있다.

① 2인 1조로 상사 역할과 부하 역할로 나눈다.

② 각자 준비된 시나리오를 5분간 읽는다.

　(이때 상대의 시나리오는 보지 말 것!)

③ 상사 역할과 부하 역할 모두 3분간 말할 내용이나 순번을 정리한다.

④ 준비가 끝나면 7분간 피드백을 하고 그 모습을 촬영한다.

⑤ 피드백을 마치면 촬영한 동영상을 보면서 5분간 감상을 말한다.

상사용 시나리오

　당신의 이름은 카토(48세·남)입니다. 영업 부서의 과장으로 근무하고 있는데, 근래에는 올해 부하가 된 마츠시타 씨 때문에 골머리를 앓고 있습니다. 마츠시타 씨는 몇 달 전까지만 해도 가까운 부서에서 부장으로 근무했습니다. 하지만 역직정년제에 걸려 부장직을 떠나 지금은 사내에서 젊은이들에게 영업 지도를 하고 있습니다. 카토 씨의 고민은 마츠시타 씨가 젊은 직원을 지도하는 태도 때문입니다. 구체적으로는 아래와 같은 문제가 있습니다.

1. 젊은 직원들이 마츠시타 씨의 말투가 학대에 가깝다고 이야기합니다.

- 5월 8일 젊은 직원 A는 "마츠시타 씨에게 학대에 가까운 지도를 당했습니다"라고 말했습니다. A의 주장을 전혀 듣지도 않고 A의 영업 방식이 졸렬하다며 한 시간에 걸쳐 일방적으로 질책했다고 합니다.

- 5월 21일 젊은 직원 B는 마츠시타 씨를 교육 직책에서 빼달라고 카토 씨에게 직접 호소했습니다. "마츠시타 씨의 지도 방식이 일방적이라 납득할 수

없기 때문"이라고 합니다.

2. 마츠시타 씨는 부서의 방침에 대한 비판을 젊은 팀원들에게 퍼뜨리고 있다고 합니다.

- 카토 씨는 웹이나 소셜미디어를 활용해 예상 구매층을 좁힌 후에 효율적으로 영업을 하는 '하이브리드 영업'을 부서의 방침으로 삼았습니다. 하지만 마츠시타 씨는 젊은 직원들에게 "지금 방식 때문에 개인이 발로 뛰어 정보를 얻지 못하게 되고 있다"며 불만을 표했다고 합니다.

3. 마츠시타 씨는 '젊은이를 다루는 법'에 서투르며 그것을 감추려는 듯 보입니다.

- "영업맨은 선배의 등을 보고 자라는 거야"라고 입버릇처럼 말합니다.
- 한편 젊은 직원들은 정중한 지도를 바라는 듯 보입니다.
- 또 젊은 직원들은 마츠시타 씨와 메일이나 소셜미디어로 의사소통하기를 바라나 마츠시타 씨는 IT 기기 이용을 힘들어합니다.

이 상태가 계속되면 앞으로 마츠시타 씨의 정년 후 재고용에 악영향을 줄 수도 있습니다. 이상의 정보를 근거로 현재 상황을 재정비할 방법을 마츠시타 씨와 함께 생각해주십시오. (※여기에 없는 정보는 애드립으로 적당히 보충하십시오.)

부하용 시나리오

당신의 이름은 마츠시타(58세·남)입니다. 몇 개월 전까지 오랫동안 영업부장으로 근무했지만 최근 도입된 역직정년제에 걸려 부장직에서 내려왔습니다. 지금은 젊은 직원에게 영업 지도를 하는 교육 직책을 맡고 있습니다. 얼마 전 상사인 카토 과장으로부터 "둘이 이야기하고 싶은 것이 있으니 시간 좀 내주시겠습니까?"라는 메일이 왔습니다. 어려운 이야기일 거라고 짐작은 하고 있지만 열 살이나 어린 카토 씨가 무슨 말을 하든 뺀들뺀들 흘려버릴 생각입니다. 최근 마츠시타 씨의 주위에서 일어난 사건 사고는 아래와 같습니다.

1. 젊은 직원들이 일을 대하는 자세에 강한 위화감을 느끼고 있습니다.

- 5월 8일 젊은 직원 A의 영업 성적이 그다지 오르지 않기에 한 시간에 걸쳐

질책했습니다. 거친 말도 썼지만 강한 질책을 통해 A가 분발하기를 바라는 마음에서였습니다. 다만 A는 지도 내용은 이해한 듯한데 말투 때문인지 '납득'하지는 않은 것 같습니다. 또 주위에서는 '학대'라는 이야기가 퍼지고 있는 듯합니다.

- 그 후 A에 대한 지도를 옆에서 지켜보던 젊은 직원 B가 한번은 마츠시타 씨에게 강압적인 태도를 그만두라고 말했습니다. A에 대해서는 실수했다고 생각했지만, 팀원이 하는 말에 일일이 귀를 기울이고만 있으면 일을 할 수 없는 직책이라 생각해 무시했습니다.

2. 개인적으로는 부서의 방침인 '하이브리드 영업'에 비판적입니다.

- 현재 부서는 웹이나 소셜미디어를 이용해 예상 구매층을 좁혀 효율적으로 영업하는 '하이브리드 영업'을 방침으로 삼고 있습니다. 마츠시타 씨는 '영업은 어디까지나 개인의 노력이며, 발로 뛰어 벌어먹는 것이다'라고 생각하기에 하이브리드 영업 방식에 비판적입니다.
- 자신도 모르게 회식 자리에서 딱 한 번 젊은 직원들에게 하이브리드 영업을 비판하는 발언을 한 적이 있습니다. 단, 마츠시타 씨도 관리직이었기 때문에 카토 씨의 노고를 머리로는 잘 알고 있어서 협력하지 않으면 안 된다고 생각하고 있습니다.

3. 실은 일을 하는 데 있어 은밀한 부담감이 있습니다.

- 마츠시타 씨는 부장 시절이 길었기 때문에 현장감이 없고 특히 요즘 젊은이와 접할 기회가 없었기 때문에 어떻게 교류해야 좋은지 잘 모릅니다. 또 웹이나 SNS 등 새로운 기술을 따라가지 못하는 점도 있습니다.
- 이러한 부담감이 있지만 꼴사납다며 오로지 숨기고만 있습니다.

카토 씨와는 속을 좀 터놓고 이야기하고 싶다고도 생각하지만 자존심이 걸리 적거립니다. 무슨 말이라도 들으면 다소 거친 말투로 반론해버리고 만다고 스스로도 생각하고 있습니다.

연습의 포인트

- 팔짱만 끼지 말고 상대의 눈을 보고 얼굴을 바로 드는 훈련을 한다.
- 연습은 SBI 정보가 명확하고 타협점도 정확하다. → 실전보다는 간단하다.

어시밀레이션으로
피드백의 아픔을 이해한다

피드백을 받지 않으면 좋은 피드백을 할 수 없다

쓴소리 피드백을 받아본 적이 없는 사람은 그 심리를 알 수 없기 때문에 좋은 피드백을 할 수 없습니다. 용기를 내어 자신도 피드백받는 기회를 가집시다.

당신은 피드백을 받는 데 익숙한가?

피드백의 힘을 갈고 닦기 위해 무엇보다 중요한 것은 스스로도 피드백받을 기회를 갖는 것입니다.

지금 30~40대 중에는 쓴소리 피드백을 별로 받아보지 않고 중간관리 직급까지 승진한 사람이 의외로 많습니다. 순조롭게 출세한 건 다행스러운 일인지도 모르겠습니다만 '부하에게 피드백한다'는 관점에서 보자면 풀어야 할 숙제가 남아 있다고 할 수 있습니다. 피드백을 받은 경험이 적은 사람은 피드백받는 사람이 어떤 기분인지 잘 모르기 때문입니다.

피드백을 받을 때 어떤 말을 들으면 납득이 되는가? 어떤 식의 말이 나오면 욱하고 올라오는가? 건드리면 안 되는 민감한 키워드는 무엇인가? 위로와 격려의 말이 듣고 싶어지는가? …

몸소 여러 번 피드백을 받아봤다면 새삼스레 의식하지 않더라도 알 수 있는 것들이지만, 경험이 적으면 상대의 기분을 거스를 수도 있는 말을 아무렇지 않게 해버리기 십상입니다.

부하로부터 자기 인상을 듣고 충격을 받자

이미 부하가 있는 사람이라면 자기 부서에서 어시밀레이션을 하는 것도 하나의 방법입니다. 어시밀레이션assimilation이란 직장 구성원들이 관리자에 대한 피드백을 하는 미팅 기법입니다.

우선 상사인 자신과 부하 직원 전원, 그리고 진행자 역할을 맡을 퍼실리테이터facilitator를 한자리에 모읍니다. 퍼실리테이터는 이해관계가 없는 사람이어야 합니다. 당신과 동급이거나 그 이상의 직책에 있는 타 부서 관리자에게 협력을 구하는 것이 좋습니다. 당신이 부하들로부터 모진 피드백을 받을 때 같은 관리자 입장에서 위로나 격려를 해주기 쉽기 때문입니다.

어시밀레이션으로 스스로를 피드백

❶ 상사는 퇴실

 퇴실 상사 퍼실리 테이터

 부하 부하 부하

❷ 상사에 관해 부하가 말한다

- 알고 있는 것
- 계속되었으면 하는 것
- 해보고 싶은 것
- 그만두었으면 하는 것

 퍼실리 테이터

 부하   부하   부하

❸ 부하는 퇴실, 상사는 입실

입실 상사 퍼실리 테이터

 퇴실 부하   부하 부하

❹ 상사는 설명을 듣는다

 상사 퍼실리 테이터

❺ 부하 입실, 이후의 방침을 말한다

 상사 퍼실리 테이터

입실 부하 부하 부하

구체적으로는 앞의 그림과 같은 순서로 진행합니다. 충분히 예상 가능하겠지만, 정말 혹독한 피드백을 받게 될 것입니다. 실제로 해보면 생각지도 못한 부분을 지적당하고 충격받게 됩니다. 하지만 그만큼 해볼 가치가 있는 방법입니다.

포인트

- 쓴소리 피드백을 받는 데 익숙하지 않다면 피드백받는 사람의 심리를 알 수 없다.
- 피드백을 받을 기회를 가져라.
- '어시밀레이션'을 하면 부하로부터 혹독한 피드백을 받을 수 있다.

조언을 받을 수 있는 관리자가 실적도 좋다?!

2012년 도쿄대학 나카하라 연구실과 공익재단법인 일본생산성본부가 공동으로 수행한 관리자 대상 조사에 따르면, '일에 대한 조언이나 코멘트를 받을 수 있는 관리자'는 '조언이나 코멘트를 받을 수 없는 고독한 관리자'에 비해 직장에서의 실적이 높은 것으로 조사되었습니다.

조언이나 코멘트를 받는 상대로는 '회사 상사'(49.6%)라는 응답이 가장 많았으며 '회사의 다른 관리자'(30.2%), '회사 밖의 지인·친구'(10.4%)라는 응답도 있었습니다. 누구에게 조언을 받는 것이 좋은지는 각자의 상황에 따라 다르기 마련이므로 일괄적으로 논할 수는 없습니다. 하지만 좋은 관리자로서 좋은 피드백을 하기 위해서는 조언과 지도를 받을 수 있는 환경을 조성해두는 것 역시 필요하다고 할 수 있겠습니다.

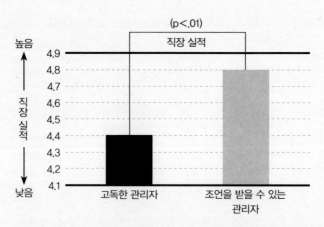

※ 세로축은 전사적인 직장 실적의 주관적 평정치입니다(1~7점). 전체 517명 중 조언·코멘트를 받을 수 있는 관리자는 278명(54%), 고독한 관리자는 239명(46%)이었습니다. 일원분산분석 결과 조언·코멘트를 받을 수 있는 관리자와 고독한 관리자 사이에는 직장 실적에 있어 통계적으로 유의미한 차이가 있었습니다(p<.01).

피드백하는 사람의 수는 5~7명까지

10명 넘게 떠안으면 상사가 무너진다

쓴소리 피드백은 관리자의 심신에 큰 부담을 줍니다. 자신이 무너지지 않기 위해서라도 부담을 덜 방법을 강구합시다.

피드백은 스트레스가 쌓이는 일

쓴소리 피드백은 밀실 안에서 엄한 대화를 하는 것이기에 관리자도 정신적으로 소모됩니다. 피드백을 위한 1인 작전 회의를 하는 것만으로도 이미 답답하고 울적한 기분이 들기 마련입니다.

어떤 관리자는 1 on 1이나 피드백을 할 때 반드시 제대로 컨디션을 정비하고 임한다고 합니다. 잠이 부족하면 반드시 허점을 보이게 되고 무엇보다 왈칵 피로가 몰려온다고 하는데, 저 역시 동감합니다. 피드백을 성공시키기 위해서든 스스로의 건강 관리를 위해서든 최상의 컨디션으로 임하도록 합시다.

스팬 오브 컨트롤의 가르침

심적 스트레스를 덜기 위해서는 쓴소리 피드백의 횟수를 줄이는 것도 중요합니다.

이제 막 관리자가 된 사람에게는 상당히 어려운 일이겠지만 1 on 1으로 담당하는 부하의 수를 줄일 수 없는지 검토해볼 필요가 있습니다. 예를 들어 관리자의 오른팔이 될 만한 서브 관리자 직급에 1 on 1이나 피드백을 일부라도 맡길 수 있다면 부담이 경감됩니다.

스팬 오브 컨트롤Span of Control(한 명의 관리자가 관리 가능한 부하의 수)이라는 연구가 있습니다. 이 연구에 따르면 한 명의 상사가 끌어안을 수 있는 부하의 수는 5~7명이라고 합니다.

요즘은 조직의 플랫화가 진행되어 한 명의 관리자가 끌어안는 부하의 수가 증가하는 경향이 있습니다. 부하 수가 5~7명이 넘는다면 1 on 1의 분담을 검토하는 편이 좋습니다.

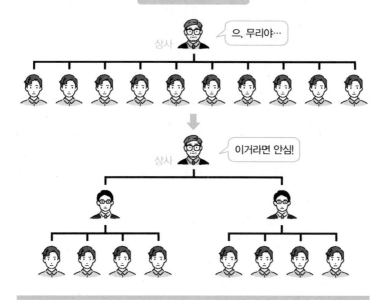

스팬 오브 컨트롤

상사 으, 무리야…

상사 이거라면 안심!

- 쓴소리 피드백은 관리자의 심신을 갉아먹는다.
- 피드백에는 최상의 컨디션으로 임한다.
- 서브 관리자와 분담해 1 on 1 횟수를 줄이는 방법도 있다.

'미움받는 것도 어쩔 수 없다'는 각오를 다진다

쓴소리를 해서 미움받는 건 관리자의 역할이다

'쓴소리를 해서 부하에게 미움받고 싶지 않다…' 평사원 시절에 인기 있던 사람이나 심약한 사람은 이렇게 생각할지도 모르겠습니다. 하지만 도망치고 회피한다면 당신은 '관리자로서 실격'이라는 말을 들을 수밖에 없습니다.

엄히 지적할 수 있는 사람은 당신밖에 없다

아무리 준비를 해도, 마음을 달래가며 피드백을 해도 부하에게 외면당하거나 미움받는 일은 얼마든지 있습니다. 관리자로 승진하기 전 주위로부터 사랑받았던 사람일수록 충격을 크게 받을지도 모릅니다. 게다가 피드백 성과는 좀처럼 금방 나오지 않으니까 '진짜 이런 걸 말해도 괜찮았던 걸까?', '말이 지나쳤던 건 아닐까?'라며 자기혐오에 빠질지도 모르죠.

하지만 누군가가 말하지 않으면 부하는 성장하지 않고 부서의 실적도 오르지 않습니다. 도울 수 있는 사람은 관리자인 당신밖에 없습니다.

"쇠뿔도 단김에 빼라"는 말처럼 지적하는 시기가 늦어질수록 변화하기 어려워집니다. 때를 놓치면 이미 늦습니다. 사내에서의 당신 평판에도 영향이 있겠죠.

갑질은 논외입니다만, 쓴소리를 해서 미움을 받는 것은 관리자의 역할 중 하나라고 생각합시다. 설령 당장은 미움을 받더라도 당신의 피드백으로 성장할 수 있다면, 장래에 부하로부터 감사 인사를 받을 날도 올 것입니다.

관리직은 연기를 하는 거라고 생각한다

피드백이 정 어려운 사람은 '관리자란 역할을 연기하고 있다'고 생각하는 방법을 추천합니다. '나는 직장이 나아지도록 관리자란 역할을 연기하고 있을 뿐 부하들에게 진심으로 그런 말을 하고 있는 건 아니다', '피드백이 아니라 성장 지원을 하고 있다'라고 받아들이는 것입니다.

고작 받아들이는 방법의 차이라고 할지도 모르겠지만, 그렇게라도 생각하면 정신적으로 조금 편해집니다. 그러면 '다소 신랄한

관리자는 '미움받는 것으로 감사받는다'

> 엄한 말을 할 수
> 있는 건 나뿐…
> 관리자란 역할을
> 연기하고 있을 뿐…

후─

상사

진정되고 있다.

말을 하는 것도 어쩔 수 없다', '미움받는 게 당연하다'라고 생각할 수 있습니다.

포인트

- 쓴소리 피드백을 해서 미움받는 건 어쩔 수 없다.
- 미움을 받는 것도 관리자의 일 중 하나라고 생각한다.

관리직끼리 모여
해독하는 자리를 갖자

관리자도 심정을 토로할 수 있는 자리가 필요하다

쓴소리 피드백을 하다 보면 고독감이 느껴지고 응어리가 쌓이기도 합니다. 그것을 '해독'하기 위해 관리자끼리 모여 피드백 정보를 교환하는 것도 좋습니다.

관리직끼리 심정을 토로한다

'피드백으로 미움받는 건 어쩔 수 없다는 걸 머리로는 알지만 아무래도 떨쳐낼 수가 없다'는 사람도 있을지 모릅니다. 이런 사람에게 추천하는 방법이 해독 회의입니다. 같은 직급의 관리자를 모아 최근 어떤 피드백을 하고 있는지 서로 정보를 교환하는 것입니다.

"A가 성을 내더라고", "B를 울렸어"… 관리자라면 모두 이런 사연이 있을 터입니다. 물론 개인 정보나 사생활 공유에는 신중할 필요가 있겠죠. 정보를 누설하지 않겠다는 약속을 나눈 뒤 문제가 없는 범위에서 이니셜 등을 사용해 자기 경험을 서로에게 토해낸다면 일종의 '해독'이 될 수 있습니다.

또 이러한 정보 교환은 '면의 육성'으로도 이어집니다. 면의 육성이란 상사와 부하라는 일대일 관계, 즉 '점의 육성'의 한계를 넘어 관리직 커뮤니티 전체가 협력함으로서 부하를 육성하는 것을 가리킵니다. 피드백 정보를 공유하면 해독 회의 내 모든 관리자가 머리를 모아 대책을 짜낼 수도 있습니다.

긍정적인 정보도 공유하자

해독 회의에서는 부정적인 이야기가 부각되기 십상이지만 '부하 중에 누구누구가 좋았다' 같은 긍정적인 이야기도 공유하면 좋습니다. 해독 회의에서 얻은 정보를 잘 활용하면 부하의 의욕을 크게 높일 수 있습니다.

예를 들어 자신의 부하 C가 분발하고 있다는 이야기를 했다고 합시다. 그 얘기를 들은 다른 관리자가 C와 무슨 일로 함께 있을 때 "C 씨, 분발하고 있는 모양이네. 자네 윗사람이 그리 말하더라고"라는 식으로 격려하면 C의 의욕이 크게 높아지겠죠. 상사에게 직접 듣는 것보다 다른 사람을 통해 칭찬을 듣는 편이 진심으로 들리고

관리자끼리 정보를 공유하자

요전에 우리 부하가 분발해서 말이지…

그런가!

자네, 분발하고 있는 모양이더군!

아, 네!

제대로 지켜보고 계시는구나!

상사   다른 상사   부하

몇 배는 더 기쁘기 마련입니다. 이런 의미에서도 관리직끼리의 해독 회의를 추천합니다.

포인트

- 관리직끼리 모여 피드백 정보를 교환한다.
- 괴로웠던 경험을 토로해 속 시원해지고, 조언도 받을 수 있다.
- 긍정적 정보도 공유하면 부하를 간접적으로 칭찬할 수 있다.

피드백의 기한도
알아두자

유감스럽지만 피드백을 해도 '바뀌려 하지 않는' 부하가 반드시 존재합니다. 그런 부하에게 시간을 빼앗기지 않으려면 기한을 정해두는 것이 중요합니다.

상대는 '다 큰 어른'으로서 바뀌지 않겠다는
'선택'을 한 것이다

지금까지 피드백 이야기를 했는데, 마지막으로 한 가지 현실을 말씀드리겠습니다. 아무리 부하의 성장을 바라고 진심을 담아 피드백을 해도 바뀌지 않는 부하가 있기 마련입니다.

하지만 부하가 바뀌지 않는 것은 당신에게 원인이 있다기보다 상대가 '다 큰 어른'으로서 의지를 갖고 '바뀌지 않겠다'는 '선택'을 했다고 보는 편이 낫습니다. 그런 사람에게 많은 시간을 들이는 것은 그

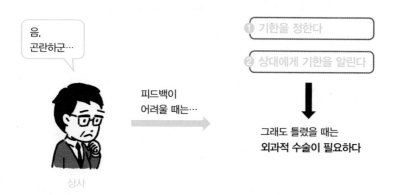

어떤 방법을 써도 피드백이 어려울 때가 있다

음,
곤란하군…

상사

피드백이
어려울 때는…

❶ 기한을 정한다

❷ 상대에게 기한을 알린다

그래도 틀렸을 때는
외과적 수술이 필요하다

야말로 시간 낭비입니다.

그런 상대에게 시간을 소모하지 않으려면 피드백을 통해 상대가 재정비를 마칠 때까지의 '기한'을 정해두어야 합니다. 기한은 보통 반 년이나 1년, 피드백 횟수로는 3~5회면 적당합니다. 그때까지는 상대의 성장을 믿고 피드백합시다.

이때의 포인트는 부하에게 '바뀔 때까지의 기한이 정해져 있음' 을 알리는 것입니다. 그래도 바뀌려고 하지 않는다면 그것은 부하 가 의식적으로 '바뀌지 않겠다'고 선택했다는 뜻입니다. 그렇게 되면 이제 배치전환이나 강등, 좌천 같은 외과적 수술밖에는 방법이 없습니다.

다만 그렇다고 안이하게 '외과적 수술'로 직행해서는 안 됩니다. 그건 어디까지나 최후의 수단입니다. 우선은 부하의 성장을 기대하고 믿는 것이 관리자의 역할입니다.

> **포인트**
>
> - 아무리 피드백을 해도 바뀌지 않는 사람이 있다.
> - 그런 사람에게 휘둘리지 않기 위해서는 피드백 횟수의 상한을 정한다. 바뀔 때까지의 기한을 정하는 것도 좋다.
> - 기한 내에 바뀌지 않는다면 배치전환 등을 하는 편이 현실적이다.

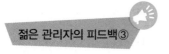
IT 대기업 인사부 관리자 오카모토 타이치(33세)

3년 전부터 IT 대기업에서 관리직을 맡은 오카모토 씨. 자기보다 경험이나 기술이 뛰어난 연상의 부하가 많다고 합니다. 그런 사람들에게 먹히는 피드백을 하기 위해 어떤 점을 유의하고 있을까요?

▎연상 부하에게는 상사연하지 않는다

먼저 지금까지의 경력을 소개해주시겠습니까?

대학을 졸업하고 미디어 기업에서 7년간 일한 후 4년 전 지금의 IT 기업으로 이직했습니다. 3년 전에 관리자로 승격했고, 부하는 다섯 명입니다. 그중 네 명이 연상인데, 열 살 연상인 사람도 있습니다. 더구나 다들 경험이나 기술도 저보다 뛰어난 사람들입니다. 상당히 벅찬 환경입니다.

힘드시겠네요.(웃음) 나이도 경험도 위인 부하에게 피드백을 하는 것이 쉽지 않을 텐데, 어떤 점을 염두에 두고 계신가요?

한마디로 말하자면 '상사연하지 않는' 마음가짐입니다. 실은 갓 관리자가 되었을 무렵에는 좀 상사입네 하고 피드백을 했습니다. 그런데 전혀 부하에게 가닿지를 않더라고요. 아무리 제가 상사라고 해도 경험도 기술도 한 수 위인 사람들에게 "자네는 이런 점이 틀렸으니까 개선하는 편이 좋아"라며 고자세로 말하는 건 역시 어렵더라고요. 그래서 제 경험이 부족하기 때문에 그 부하의 생각이나 행동이 이해 안 가는 면도 있을 거라고 생각했습니다. 그렇게 생각하니 상사연해서 좋을 게 하나도 없더라고요.

냉정하게 생각하면 그렇습니다만 자기도 모르게 부하에게 이기겠다는 생각을 품게 되곤 하죠.

그 시기에 제 상사로부터 "자네 역할은 부하가 능력을 발휘하게 하는 거야. 부하를 이기려 들지 않는 게 좋을걸"이라는 조언을 들었습니다. 그러고는 점점 상사연하지 않아도 된다는 확신을 하게 됐죠.

"제가 경험도 기술도 부족합니다만"이라고 솔직하게 인정한다

그럼 연상 부하에게는 어떤 식으로 피드백을 하셨습니까?

우선 문제가 있다고 느낀 행동이 있으면 왜 그 같은 행동을 했는지 이야기를 들었습니다. 이해가 가지 않으면 "죄송합니다. 제가 완전 초보라 이해가 잘 안 가는데 좀 가르쳐주시면 안 될까요?"라 며 하나하나 물어봤죠. 그런 다음에 "제가 경험도 기술도 부족하 다는 건 압니다만, 제가 보기에는 이렇게 하는 편이 낫지 않나 싶 은데요. 어떻게 생각하십니까?"라고 피드백했습니다. 자신의 미흡 함을 인정한 다음에 개선책을 제안한 것입니다.

그랬더니 어땠습니까?

상사연하던 때와 비교하면 부하들이 귀를 기울여주기 시작했다 는 느낌이 들었습니다. 또 피드백하기 전에는 반드시 '무엇을 위해 말하는가'를 되새겼습니다. '내 감정 때문에 말하고 싶어진 건 아닌 가?', '단지 이기려고 하는 건 아닌가?'라고 자문하는 겁니다. 이것 역시 제 피드백을 받아들이게 된 이유일지도 모르겠습니다.

본인이 바라는 모습을 모르면 피드백이 먹히지 않는다

그밖에 연상 부하에게 피드백할 때 신경 쓰시는 부분이 있습니까?

이건 연상 부하에게만 한정된 이야기는 아니지만, 본인이 어떠한 인재상을 지향하고 있는가를 파악하려고 합니다. 상사인 제가 아무리 솜씨 좋게 피드백을 해도 부하 본인이 그렇게 개선하고 싶다는 마음이 없다면 전혀 먹히지 않기 때문입니다.

예를 들어 '조직 내의 숨은 공로자로서 모두를 떠받치고 싶다'고 생각하는 사람에게 "좀 더 사람들 앞에 나서서 리더십을 발휘하기 바란다"라고 피드백해봤자 "저는 그렇게 되고 싶지 않은데요"라며 받아들이지 않을 테죠. 저 자신도 제가 되고 싶은 방향과 다른 피드백을 받으면 '저는 그렇게 되고 싶어서 이러는 게 아닌데요'라고 생각하니까요.

반대로 본인이 바라는 모습을 파악한 후 피드백을 하면
연상 부하라 하더라도 들어준다는 건가요?

그렇다고 생각합니다. 지금 업무를 담당하기 전입니다만 저보다 여섯 살 정도 연상인 A 씨에게 피드백을 했습니다. A 씨는 자기 본위로 일이 진행되지 않으면 감정적이 되는 면이 있었어요. 그래서 주위에서 같이 일하기 어렵다는 말이 나오곤 했죠. A 씨도 그 점을 눈치채고 있었기 때문에 스스로 개선하고 싶다며 제게 말을 꺼냈습니다.

그래서 A 씨에게 "요전 회의에서 반대 안이 나왔을 때 욱했죠? 그건 본인이 목표로 하는 모습과 다른 것 아닙니까?"라고 솔직하게 말했더니 "말씀대로입니다"라며 받아들여주었습니다. A 씨의 수용력이 높았던 점도 있겠지만, 본인이 바라는 모습이 될 수 있도록 피드백했기 때문에 받아들여졌다고 생각합니다.

본인이 어떻게 되고 싶은지는 면담 등에서 물어본 건가요?

네. 저희 부서는 정기적으로 개인 면담을 진행하는데, 매번은 아니지만 그 자리에서 나중에 하고 싶은 일이나 목표로 하는 것 등에 대해 이야기를 나누고 있습니다. 연 1~2회 있는 면담에서 너무 많은 걸 묻는 건가 싶기도 하지만, 세세한 이야기를 들어두면 부하의 생각을 더 깊이 이해할 수 있습니다.

평소에 지나치게 칭찬하면 피드백하기 힘들어진다

피드백하는 동안 잘되지 않았던 점은 없었습니까?

물론 있습니다. 예를 들어 제가 갓 관리자가 되었을 때 부하였던 B 씨는 저보다 연하였는데, 맡은 일을 제대로 소화하고 있어 본인도 자신감이 충만했습니다. 하지만 '타 부서에서도 활약할 수 있는 인재인가?'라고 물으면 그렇지는 않다고 대답했을 겁니다. 그래서

"회삿돈으로 받을 수 있는 연수를 받고 새로운 지식을 익히는 편이 낫다"라든가 "새로운 일에도 도전해야만 한다"라고 조언했습니다. 하지만 "형식적인 강의는 쓸모없어요. 그럴 시간 있으면 일을 하는 편이 더 많이 배울 수 있습니다", "지금 일을 하는 것만으로도 성장할 수 있습니다"라며 전혀 받아들여주지 않았습니다.

어중간하게 잘하는 부하가 도전하지 않으려 한다… 자주 있는 패턴이네요.

그래서 "아니야, 지금 자네는 성장이 멈춘 것처럼 보인다고"라고 말했더니 B 씨가 크게 반발하며 마음을 닫아버렸습니다. 이건 평소 제 자세에도 원인이 있었다고 생각합니다. B 씨를 지나치게 칭찬했던 거죠.

무슨 말인가요?

B 씨는 현재 담당하고 있는 일에 한해서는 더할 나위 없이 빠르고 정확했습니다. 그래서 부탁한 일이 올라올 때마다 "오, 빠르네!", "이번에도 완벽하군"이라며 자주 칭찬했습니다. 그랬더니 B 씨는 제게 높이 평가받고 있다고 생각하더라고요.

그런데 제가 어느 날 갑자기 성장이 멈춰 있다고 말하니 '어? 엄청 칭찬할 때는 언제고?'라는 생각이 든 겁니다. 손바닥 뒤집듯 그랬다고 느꼈을 테니 불신이 컸을 테죠.

어려운 부분이네요. 칭찬하지 말아야 하는 것도 아니고 말이죠.

이제는 '무엇을 위해 칭찬할 것인가', '무엇에 관해 칭찬할 것인가' 를 생각하게 되었습니다만, 애초에 제가 칭찬을 잘 못 합니다.

그렇게 이야기하는 관리자가 많죠.

연상 부하에 대해서도 칭찬은 잘 생각하고 하려고 합니다. "좀 전의 PT 좋았어요", "이 서류 완성도가 높네요"라는 식으로 부하가 한 일을 평가하는 경우야 흔하죠. 하지만 경험도 나이도 위인 부하에게 저렇게 말하면 '이 자식, 사람 깔보면서 잘난 척은', '나보다 경험도 적은 주제에 평가질은'이라고 생각할 가능성도 있습니다.

어떤 식으로 말을 바꾸셨습니까?

사실을 그대로 말하려 합니다. 예컨대 서류 등의 완성도가 좋다면 "감사합니다. 도움이 되었습니다"라고 감사의 뜻을 전합니다. 이 정도라면 부정할 도리가 없으니 순순히 받아들일 수 있을 거라 생각합니다.

▍왜 개인 면담에서 잡담을 하는가

피드백은 '관찰'이 중요합니다. 하지만 오카모토 씨 회사는 프리 어드레스이기도 하고 원격근무도 가능하죠. 부하 관찰이 어렵지 않나요?

확실히 부하가 일하는 모습을 관찰할 기회가 거의 없습니다. 부서 구성원 간에 주고받는 메일만으로는 알 수 있는 것이 한정되어 있고요. 그렇기에 정기적인 개인 면담은 필수죠.

개인 면담 때에 일이 돌아가는 상황을 세세하게 물으신다고요.

그건 꼬치꼬치 캐묻는 게 필요하다고 느끼는 부하에 한해서입니다. 개인 면담 자리에서는 잡담을 하기도 합니다. 일과 관계없는 이야기를 하기도 하고요. 실은 의도적으로 그렇게 하고 있습니다.

왜 일부러 잡담을 하는 건가요?

그 사람의 현재 정신 상태를 파악하기 위해서입니다. 잡담을 하면 알 수 있는 것도 있으니까요. 또 서로에 대한 이해를 깊게 하기 위해서입니다. 아무리 증거나 팩트가 있다고 해도 '이놈에게만큼은 그런 말을 듣고 싶지 않아'라고 생각하면 피드백이 받아들여지지 않을 테니까요. 그럼 어떻게 해야 '이놈에게라면 그런 말을 들어도 좋아'라고 생각하게 만들 수 있을까요? 인간적인 결속이 중요하다고 생각합니다.

그러기 위해서는 서로 됨됨이를 알 수 있는 잡담을 거듭해 서로에 대한 이해를 깊게 하는 게 중요하다는 말씀이시군요.

그렇습니다. 그리고 "저 이런 거 잘 못 한다고요", "요즘 이런 일로 고민하고 있어요"라고 자신의 약점을 열어 보이는 것도 서로의 심리적 거리를 좁히는 데 중요합니다.

평소 그런 식의 상호 이해가 있는가에 따라 피드백 성공률이 크게 달라집니다. IT 기술의 발달로 직접 얼굴을 맞대는 일이 적어진 지금은 더더욱 유의해야 할 점이 아닐까요?

해설 오카모토 씨는 IT 기업에서 네 명의 연상 부하를 이끌고 있는 관리자입니다. 자기보다 경험도 나이도 위인 사람을 네 명이나 이끈다는 것은 보통 어려운 일이 아니지만 오카모토 씨는 성공했습니다.

오카모토 씨의 사례에서 가장 인상적인 점은 '상사는 툭하면 부하를 이겨 먹으려 한다'는 이야기였습니다. 여기서 '부하를 이긴다'는 말은 '자기보다 경험도 나이도 위인 부하'의 우위에 서기 위해서 직위 권력position power을 이용해 관리하는 것을 뜻합니다. 아마도 비슷한 고민을 하는 연하 상사들이 많을 것입니다. 경험이나 나이 면에서는 '아래'이기 때문에 의지할 것이라곤 '직위 권력'밖에 없기 때문입니다.

보통 피드백에서는 부하에게 쓴소리를 합니다. 그러나 그것은 부하를 굴복시키기 위해서가 아닙니다. 어디까지나 부하가 성장할 수 있도록 현재 부하가 처한 상황을 통지하는 것일 따름입니다.

"자네 역할은 부하가 능력을 발휘하게 하는 거야. 부하를 이기려 들지 않는 게 좋을걸"이라는 오카모토 씨 상사의 조언은 되새겨 들어야 할 명언입니다. 관리자의 역할은 '부하를 이기는 것'이 아니라 '부하를 성장시키는 것'이기 때문입니다.